铁胆将军 /BADUN/
巴 顿

刘干才◎编著

辽海出版社

图书在版编目(CIP)数据

铁胆将军巴顿／刘干才编著．—沈阳：辽海出版社，2017.6
ISBN 978－7－5451－4115－3

Ⅰ．①铁… Ⅱ．①刘… Ⅲ．①巴顿(Patton,George Smith 1885－1945)-传记 Ⅳ．①K837.125.2

中国版本图书馆 CIP 数据核字(2017)第 135855 号

责任编辑：孙德军　丁　雁
封面设计：李　奎

出版者：辽海出版社
　地　　址：沈阳市和平区十一纬路 25 号
　邮　　编：110003
　电　　话：024-23284381
　E-mail：dszbs@mail.lnpgc.com.cn
　http://www.lhph.com.cn
印刷者：北京一鑫印务有限责任公司
发行者：辽海出版社

幅面尺寸：155mm×220mm
印　　张：14
字　　数：218 千字

出版时间：2017 年 7 月第 1 版
印刷时间：2017 年 8 月第 1 次印刷
定　　价：29.80 元

《世界名人传记文库》编委会

主　编	游　峰	姜忠喆	蔡　励	竭宝峰	陈　宁	崔庆鹤
副主编	闫佰新	季立政	单成繁	焦明宇	李　鸿	杜婧舟
编　委	蒋益华	刘利波	宋庆松	许礼厚	匡章武	高　原
	袁伟东	夏宇波	朱　健	曹小平	黄思尧	李成伟
	魏　杰	冯　林	王胜利	兰　天	王自和	王　珑
	谭　松	马云展	韩天骄	王志强	王子霖	毕建坤
	韩　刚	刘　舫	宫晓东	陈　枫	华玉柱	崔　武
	王世清	赵国彬	陈　浩	芝　冞	姜钰茜	全崇聚
	李　侠	宋长津	汪　裴	张家瑞	李　娟	拉巴平措
	宋连鸿	王国成	刘洪涛	安维军	孙成芳	王　震
	唐　飞	李　雪	周丹蕾	郭　明	王毓刚	卢　瑶
	宋　垣	杨　坤	赖晖林	刘小慈	张家瑞	韩　兆
	陈晓辉	鲍　慧	魏　强	付　丽	尹　丛	徐　聪
	主勇刚	傅思国	韩军征	张　铧	张兴亚	周新全
	吴建荣	张　勇	李沁奇	姜秀云	姜德山	姜云超
	姜　忠	姜商波	姜维才	姜耀东	朱明刚	刘绪利

	冯　鹤	冯致远	胡元斌	王金锋	李丹丹	李姗姗
	李　奎	李　勇	方士华	方士娟	刘干才	魏光朴
	曾　朝	叶浦芳	马　蓓	杨玲玲	吴静娜	边艳艳
	德海燕	高凤东	马　良	文　夫	华　斌	梅昌娅
	朱志钢	刘文英	肖云太	谢登华	文海模	文杰林
	王　龙	王明哲	王海林	台运真	李正平	江　鹏
	郭艳红	高立来	冯化志	冯化太	危金发	仇　双
	周建强	陈丽华	叶乃章	何水明	廖新亮	孙常福
	李丽红	尹丽华	刘　军	熊　伟	张胜利	周宝良
	高延峰	杨新誉	张　林	魏　威	王　嘉	陈　明
总编辑	马康强	张广玲	刘　斌	周兴艳	段欣宇	张兰爽

总　序

我们每个人心中都有自己崇拜的名人。这样可以增强我们的自信心和自我认同感，有益于人格的健康发展。名人活在我们的心里，尽管他们生活在不同的时代、不同的国度、说着不同的语言，却伴随着我们的精神世界，遥远而又亲近。

名人是充满力量的榜样，特别是当我们平庸或颓废时，他们的言行就像一触即发的火药，每一次炸响都会让我们卑微的灵魂在粉碎中重生。

名人带给我们更多的是狂喜。当我们迷惘或无助时，他们的高贵品格就如同飘动在高处的旗帜，每次招展都会令我们幡然醒悟，从而畅快淋漓地感受生命的真谛。只要我们把他们视为精神引领者和行为楷模，就会不由自主地追随他们，并深刻感受到精神的强烈震撼。

当我们用最诚挚的心灵和热情追随名人的足迹，就是选择了一个自我提升的最佳途径，并将提升的空间拓展开来。追随意味着发现，发现名人的博大精深，发现时代赋予我们的使命，发现最真实的自我；追随意味着提升，置身于名人精神的荫蔽之下，我们就像藤蔓一般沿着名人硕大粗壮的树干攀援上升，这将极大地缩短我们在黑暗中探索的时间，从而踏上光明的坦途。

不要说这是个崇尚独立思考的年代,如果我们缺乏敬畏精神,那么只能让个性与自由的理念艰难地生长;不要说这是个无法造就伟人的年代,生命价值并不在于平凡或伟大。如果在名人的引领下,读懂平凡世界中属于自己的那本书,就能够成为最好的自己。

名人从芸芸众生中脱颖而出,自有许多特别之处。我们追溯名人成长的历程,虽然每位人物的成长背景都各不相同,但或多或少都具有影响他们人生的重要事件,成为他们人生发展的重要契机,并获得人生的成功。

名人有成功的契机,但他们并非完全靠幸运和机会。机遇只给有准备的人,这是永远的真理。因此,我们不要抱怨没有幸运和机遇,不要怨天尤人,我们要做好思想准备,开始人生的真正行动。这样,才会获得人生的灵感和成功的契机。

我们说的名人当然是指对世界和人类做出突出贡献的伟大人物,他们包括著名的政治家、军事家、发明家、文学家、艺术家、思想家、哲学家、企业家等。滚滚历史长河,阵阵涛声如号,是他们,屹立潮头,掀起时代前进的浪花,浓墨重彩地描绘着人类的文明和无限的未来,不断开创着辉煌的新境界和新梦想,带领我们走向美好的明天。

政治家是指那些在长期政治实践中涌现出来的具有一定政治远见和政治才干、掌握权力,并对社会发展起着重大影响作用的领导人物。军事家是指对军事活动实施正确指引或是擅长具体负责军事行动实施的人,一般包括战略军事家和战术军事家。

政治家、军事家大多充满了文韬武略,能够运筹帷幄,曾经叱咤风云,纵横天地,创造着世界,书写着历史,不断谱写着人类的辉煌篇章,为人们留下了许多宝贵的精神财富和物质财富。

科学发明家是指专门从事科学研究和发明,并做出了杰出贡献的人士。他们从事着探索未知、发现真相、追求真理、改造世界和造福人类的大学问。他们都有献身、求实、严谨和持之以恒的精神，都具有一颗好奇心。从好奇心出发，他们希望探知事物规律，具有希望看到事物本质一面的强烈意识与探索激情。还有就是他们都有恒心，他们在科学研究中不断努力，努力，再努力，锲而不舍，具有永不止步的追求精神。

文学家是指以创作文学作品为自己主要工作的知名人士和学者等。其中，诗人是指诗歌的创作者，小说家指小说创作者，散文家指散文创作者，而文学家则是指在诗歌、小说、散文、戏剧等各种文学体裁领域均取得一定成就的创作者，他们是人类精神财富的创造者。

艺术家是指具有较高审美能力和娴熟创作技巧并从事艺术创作劳动而具有一定成就的艺术工作者。进行艺术作品创作活动的人士，通常指在绘画、表演、雕塑、音乐、书法及舞蹈等艺术领域具有比较高的成就，并具有了一定美学造诣的人。他们是生活中美的发现者和创造者，极大地丰富着我们的生活。

哲学家、思想家是指对客观现实的认识具有独创见解并能自成体系的人士。思想主要是用言语和符号来表达的，而致力于研究思想并且形成思想体系的人就是哲学家、思想家。他们用独到的思想解决生活中遇到的问题，且在此过程中逐渐认识自我与宇宙，以此解决人们思想认识上矛盾迷惑的问题。他们是我们人类灵魂的工程师，塑造着我们的人格，探讨所有人类重要的问题和观念，并创造出一种思考和思想的能力，闪烁着智慧的光芒，照耀着人类前进的步伐，推动着人类思想和精神不断升华，使人类不断摆脱低级状态，不断走向更高境界。人是有思想和精神的高级动物，因此，哲学家和思想家是人类不可或缺的，是我们人类的伟大导师。

企业管理家是最直接创造财富的人。他们创造物质财富，推动社会不断进步，使得人们更加幸福。财富虽然只是一个象征，但它与人们的生活、国家的发展、民族的强盛等息息相关。企业家也创造巨大的精神财富，他们在追求财富过程中所表现出来的创新、冒险、合作、敬业、学习、执著、诚信和服务等精神，是我们每一个人学习的榜样。

我们追踪这些名人成长发展过程中的主要事件，就会发现他们在做好准备进行人生不懈追求的进程中，能够从日常司空见惯的普通小事上，碰撞出思想的火花，化渺小为伟大，化平凡为神奇，从而获得灵感和启发，获得伟大的精神力量，并进行持久的人生追求，去争取获得巨大的成功。

影响名人成长的事件虽然不一样，但他们在一生之中所表现出来的辛勤奋斗和顽强拼搏的精神，则大同小异。正如爱迪生所说："伟大人物最明显的标志，就是他们拥有坚强的意志，不管环境怎样变化，他们的初衷与希望永远不会有丝毫的改变，他们永远会克服一切障碍，达到他们期望的目的。"

爱默生说："所有伟大人物都是从艰苦中脱颖而出的。"因此，伟大人物的成长也具有其平凡性。正如日本著名歌人吉田兼好所说："天下所有伟大人物，起初都是很幼稚且有严重缺点的，但他们遵守规则，重视规律，不自以为是，因此才成为名家并进而获得人们的崇敬。"所以，名人成长也具有其非凡之处，这才是我们应该学习的地方。

英国著名哲学家培根说："用伟大人物的事迹激励青少年，远胜于一切教育。"为此，本套作品荟萃了古今中外各行各业最具有代表性的名人，阅读这些名人的成长故事，探知他们的人生追求，感悟他们的思想力量，会使我们从中受到启迪和教育，让我们更好地把握人生的关键，让我们的人生更加精彩，生命更有意义。

简　介

巴顿（George Smith Patton Jr.）（1885—1945），全名小乔治·史密斯·巴顿，是一位美国陆军四星上将，第二次世界大战中著名的美国军事统帅。号称"铁胆将军"。

巴顿生于美国加利福尼亚州的一个有军事传统的豪门家庭，毕业于西点军校。

1911年12月进入陆军参谋部任职。

1916年任潘兴将军的中尉副官，两年后升任上尉。1917年随潘兴将军赴法参加第一次世界大战的作战行动。

在第二次世界大战中美国参战之后，巴顿英勇善战，取得了重大战绩。

第二次世界大战后擢升四星上将，德国投降后任巴伐利亚军事长官。

巴顿经历战争无数，特别是在第二次世界大战中，表现卓著。美国参战之后，巴顿率部渡大西洋登陆北非。

1943年率领美军与英国将军蒙哥马利率领的英国军队肃清了北非德军，并指挥美第七集团军参加西西里岛登陆战役。

1944年作为第二梯队参加诺曼底登陆战役，突入布利陀半岛和法国中部。尔后，协同盟军其他部队在法莱斯战役中重创德军，并向洛林方向追击逃敌。阿登战役中，奉命率部驰援被围困在巴斯托涅的美军，击退德军进攻。

1945年率军突破齐格菲防线，强渡莱茵河，突入德国腹地，占领捷克斯洛伐克西部，进抵捷奥边境。9个月的时间，歼敌140万，解放大小城镇1.3万座，且相对伤亡最小。

在巴顿几十年的戎马生涯中，创造了美国历史上不少的第一，他有"美国陆军第一剑客"的声誉，还被誉为"美国第一勇士"，他指挥金戈铁马驰骋于北非大漠，战功显赫、攻无不克。

巴顿还有一个第一，却是美国军事史上的大事，巴顿创建了美国第一支坦克部队。由此掀开了他军事生涯新的一页。

巴顿一生获得无数奖项、勋章，仅所获准佩戴的军功勋章，就不下几十种，如美国陆军勋章、紫心勋章、第二次世界大战胜利勋章、大不列颠帝国勋章、法国十字勋章等。巴顿将军尚有多项奖章，由于不符合军服规章或非军事勋章，所以没有佩戴于戎装上。

在美国的军事历史上，没有哪一个军事人物像巴顿那样更能征服人们的想象力。他在一战中创造了美军的装甲作战，并被公认为第二次世界大战中美军最为杰出的作战指挥家。

作为一个被罗斯福称为"我们最伟大的战将"的杰出将领，似乎没有人能够超越他。

巴顿擅长于进攻、追击和装甲作战，是一位敢打敢拼、英勇善战的骁将。在远征北非、荡平西西里、横扫欧洲半个世纪之后，小乔治·史密斯·巴顿的名字依然令人震撼不已。

人们对巴顿近乎偶像式的崇拜，不仅是因为他杰出的指挥才能和顽强的军人作风，同时还源于巴顿那神秘复杂、难于捉摸的天性。

在巴顿过世之后，那些曾经"仇恨"过他的人也无不为他伟大的人格魅力所折服，甚至包括他的敌人在内，都把巴顿赞叹为最杰出的将军和对手。

目　录

出身上流家庭 …………………………… 001
快乐幸福的童年 ………………………… 004
战胜阅读困难症 ………………………… 011
渴望从戎成为军官 ……………………… 018
西点梦变成现实 ………………………… 023
在失望中学会反省 ……………………… 027
品学兼优的佼佼者 ……………………… 031
坚毅非凡的骑兵少尉 …………………… 035
职业之外最成功的选择 ………………… 040
斗士特质深受器重 ……………………… 048
第一号剑术专家 ………………………… 055
出征墨西哥显身手 ……………………… 060
上帝垂青的军事指挥家 ………………… 069
热情接受新的任命 ……………………… 073
创建美国第一个坦克旅 ………………… 080
坦克兵箭在弦上 ………………………… 087
英勇战斗大受赞赏 ……………………… 092
无论如何也要前进 ……………………… 095
将与坦克部队再次会合 ………………… 101

平静生活中的内疚之情	107
大刀阔斧进行战备训练	112
机械化改革的拓荒者	115
组建和拉练装甲部队	118
大规模军演的精彩结局	122
只要能参战甘愿当少尉	125
指挥"火炬"西线特遣队	128
攻占卡萨布兰卡	134
坦然应对敌军空袭	141
参与赫斯基计划	145
打响西西里战役	150
一举拿下巴勒莫	154
攻克默西纳	157
卖力扮演欺骗敌人的角色	160
超前设计"第三计划"	164
创造快速出击奇迹	168
尽显机动神速战术风格	173
"经典战役"梦想破灭	178
难以置信的辉煌战绩	182
"必胜的计划"受挫	187
突破"齐格菲防线"	191
粉碎敌人的最后希望	196
率先强渡莱茵河	200
完成最后使命	204
枪声为"战神"送行	207
附：年　谱	211

出身上流家庭

1885年11月11日，在美国西海岸加利福尼亚圣加布利埃尔的家中，巴顿出生在自己妈妈出生的那个屋子。小巴顿的母亲是加利福尼亚人，她从小就生活在优裕的环境中，受过良好的教育。当时，她年仅24岁，年轻漂亮，举止端庄，谈吐不凡，一派贵夫人的风度。

小巴顿的姨母叫安妮·威尔逊，对巴顿疼爱有加，曾在他就读西点军校期间与他作伴陪读。小巴顿的外公本杰明·戴维斯·威尔逊是帕萨迪纳市的大地主、洛杉矶首任市长，也是加利福尼亚州最大的葡萄酒和白兰地酒制造商。

小巴顿出生的房子是巴顿的外祖父本杰明·戴维斯·威尔逊在大约1830年建的，这儿曾经有他的牧场。

当巴顿外祖父的牧群沿着河谷顺着高山来到丘陵从雷得兰、洛杉矶向下延伸时，他就住在这儿，不像后来的许多人通过政府授予的形式得到牧场那样，巴顿的外祖父买下了这片牧场。

小巴顿的父亲乔治·史密斯·巴顿是一名地方检察官，身材高大，英俊潇洒。1877年毕业于弗吉尼亚军校，曾担任加利福尼亚州圣马力诺首任市长，之后继承了威尔逊事业，生活富裕。

巴顿的祖先原为苏格兰人，是苏格兰东部亚巴登的地主。巴顿家族第一个从苏格兰移民到美国弗吉尼亚州的祖先是罗伯特·巴顿，是一名契约工，后来迎娶安妮·戈登·摩塞为妻，从而晋身到上流社会。

巴顿家族中有多人参与过美国重要战事并是殉职者，其中包括罗伯特·巴顿的岳父，独立战争中的大陆军将领休尔·摩塞。摩塞将军在特伦顿袭击战中表现突出，之后在普林斯顿之战中负伤而死亡。

和许多拥有高贵血统的家族一样，父亲乔治和母亲露茜，用小婴儿祖父和父亲的名字，给他取名为乔治·史密斯·巴顿。由于和他的爸爸的名字一样，习惯上，人们称呼他小乔治或小巴顿。巴顿的祖父是家族第一个叫乔治·史密斯·巴顿的人，出生于弗吉尼亚州的菲德堡。

1852年，巴顿的祖父以全班24人中的第二名毕业于弗吉尼亚军校，同时也是卡巴奥发兄弟会的成员。毕业后继续修读法律，并在查尔斯顿执业。南北战争期间，巴顿的祖父担任联盟国军弗吉尼亚第二步兵团连长，后晋升为第二骑兵团团长、上校，参加厄尔利将军对联邦首府华盛顿进行的偷袭战。

美国内战期间，巴顿的祖母苏珊·铎登·格蕾瑟和4个孩子还有祖母的一个兄弟一起生活，这个兄弟叫威廉·格拉西尔，曾是联盟海军的一位上尉。内战结束一年之后，巴顿祖母的另一位居住在加利福尼亚叫作安德鲁·格拉西尔的哥哥给了祖母600美元的路费，让她陪着她瞎了眼的老父亲和4个孩子取道巴拿马去加利福尼亚。

他们在旧金山登陆后又换乘另一艘船到圣保罗，到洛杉矶后父亲一家人和巴顿的安德鲁舅舅住了一段时间。

后来，巴顿的祖母找到了一所土坯房子并在一家女校教书以谋生。巴顿的父亲那时只有10岁，也帮着支撑家庭。

通过巴顿的祖母，巴顿家族和威廉·铎登家族拉上了亲戚关系，而后者又是乔治·华盛顿的直系亲属。此外，还有一些家系和英格兰国王爱德华一世及他的妻子法王菲利普二世的女儿玛格丽特有关系。

巴顿家族的后人们都以这些尊贵的祖先为荣，他们有着先天的勇气和骑士风度，自然也高人一等。

巴顿家族的后代们认为，他们的血液中有着天生领导权和一种与生俱来的荣誉感和责任感，他们有意识地按照自己的偶像的形象来塑造自己，不仅在举止风度上效仿，在事业上也以他们为榜样。

乔治·休尔·史密斯对4个继子视如己出，最大的孩子乔治·威廉·巴顿，也就是小巴顿的父亲，为了纪念生父和继父，按照合法的程序，在1868年把自己的名字改为乔治·史密斯·大巴顿。

到了小巴顿的时候，再次从父亲和爷爷那里继承了名字，成为第三代乔治·史密斯·巴顿，天生的贵族血统，带给小巴顿的不仅是贵族的出身，更主要的是一种高贵的精神力量，让小巴顿终生为了自己家族的荣誉而奋斗。

快乐幸福的童年

小巴顿出世不久就患了一场大病，险些夭折，并且在相当长一段时间里身体非常孱弱。

当时小巴顿他们家的保姆玛莉·丝卡莉一直担心这个小家伙可能活不长，好在家人对这个小生命给予了无微不至的关爱，使他不仅活了下来，而且还逐渐长成一个健康强壮、充满活力的孩子。

不久，为了父亲工作的方便，他们举家迁入洛杉矶市。记事的时候，巴顿就看到卫兵在法院下边那座监狱的墙外走来走去地巡逻。

虽然家在市区，但为了能够让小巴顿有更充裕的活动空间，巴顿的大部分时光却是在雷克维尼亚德外公的牧场中度过的。

特别是后来，由于巴顿的父亲身体不好，他不得不离开律师事务所，永远地回到了牧场。

巴顿一直非常崇拜他的父亲和他的祖先，但可能他自己一直都不清楚自己像母亲家里的人像到了什么程度，尤其是牧场的主人，他的外祖父本杰明·威尔逊，巴顿在相貌和个性上都与他非常相像。

两年后，巴顿家又添了一个女孩，取名安妮，与她姨母一个名字。小安妮金发碧眼、十分可爱，家人都亲昵地叫她妮塔或安妮塔。

相对于枯燥无味的城市生活，小巴顿对于淳朴自由的乡村生活更为热衷，这个乡村牧场曾给童年的巴顿留下深刻的印象。

深受父母双亲和姨母宠爱的巴顿，在外祖父的牧场度过了他欢乐的童年。他很小的时候就与其他男孩一样，喜欢拿着玩具武器冲杀，爬上树去"侦察敌情"。

小巴顿在牧场里练就了精湛的骑术，培养出了粗鲁、豪放的性格。姨母安妮常给小巴顿阅读一些描写惊险军事战斗故事的作品，如《十字军故事》《三个火枪手》等。

故事书中的英雄人物们不仅拓展了巴顿丰富的想象力，而且使巴顿养成了骑士气概和喜欢冒险的精神。他从小就渴望以后能成为一名冲锋陷阵的军人。

巴顿最开心的时刻，便是一家人在牧场休假。因为在那个时候，爸爸会不去理会那些令人烦恼的法律事务，像个大孩子一样带着小巴顿和妹妹妮塔玩耍。

小巴顿和妮塔都很喜欢父亲，因为父亲是他们的大朋友。尽管公务繁忙，他总是设法抽空陪孩子们玩，带他们钓鱼、划船，教他们骑马、射击。

在巴顿眼中，爸爸简直是个天才，骑马、划船、潜水、钓鱼甚至射击，几乎没有可以难住爸爸的，那个年代上流社会的所有的休闲项目，他几乎无不精通。

小巴顿对爸爸崇拜极了，他几乎想整天和爸爸待在一起，央求着他教自己学骑马，玩打仗。

爸爸曾经是弗吉尼亚军事学院的高才生，受爸爸的影响，或者更多地源于男孩子的天性，巴顿小时候最爱玩的游戏就是打仗。

巴顿和妮塔一人有一件钉有铜扣子的蓝色水手服，妮塔常说自己是上校，而巴顿却自称大兵，因为那时巴顿觉得大兵很牛，级别是相当的高。

所以，每天早上一起床，巴顿兄妹俩就会为谁指挥谁打仗而争论不休。

最好的解决办法便是爸爸标准的口令声："立正！保持肃静！"

巴顿和妹妹俩果然一声不响了。

"敬礼！"两个人于是笔挺地向爸爸敬礼。

"大兵乔治与少校妮塔早上好！"

"爸爸将军早上好！"

"军事课目第一项，早餐！"

"是，长官！"

于是，两个小不点便乖乖地找玛丽吃早饭去了。

直到有一天，爸爸笑着问他为什么当了几年兵还没升职，小巴顿这才恍然大悟。

为了这件事，巴顿第一次大发脾气，并且郑重宣布自己是乔治·史密斯·巴顿中将。

爸爸为了安抚他，亲自给他做了一把木制佩剑，这几乎成为巴顿童年时代最珍贵的礼物。

除了玩游戏，乔治·小巴顿最喜欢做的事情，无疑是骑马了。

巴顿记得最清楚的一件事，就是一次爸爸骑马出门，当时巴顿和妮塔正在牧场玩，看到爸爸骑着安妮姨妈的那匹叫作贝塔的栗色马驹出门。

巴顿想和爸爸一块骑马，但他让巴顿玩修建城堡的游戏，还下马来手把手地教巴顿。

后来，爸爸乘他玩得开心，就偷偷骑马走了，小巴顿还在后面追了很长时间，当然没有追上。

当小巴顿最后生气地转回来的时候，他们家的保姆玛丽说，你该为是这样英俊潇洒的西部百万富翁的儿子而骄傲。当巴顿问她什么是百万富翁时，她说就是农场主。

在巴顿小的时候，每次跟爸爸妈妈说晚安的时候，通常会亲爸爸许多次，却只吻他的妈妈一次。

当爸爸问巴顿为什么要亲自己的多，而亲妈妈的少，巴顿说出了自己的心事，原来他是害怕爸爸会卖掉布鲁克，也就是自己的一匹纯种马。

巴顿的父亲对于自己的孩子非常喜爱，不仅陪巴顿玩，给他买好多小玩具和枪，还非常注意在游戏中教育他们。

巴顿还很小的时候，爸爸就给他买了一支22式步枪，一次爸爸、妈妈和巴顿在外面散步，爸爸在篱笆上放了一个橘子，巴顿开枪射中了它，当时爸爸妈妈都非常高兴，也很自豪。

还有一次过圣诞节，爸爸送给巴顿一辆玩具的蒸汽火车，还有一次送给巴顿一部静止引擎。

这两样东西开始是爸爸替巴顿操作，后来巴顿长大了能自己操作了，爸爸才不再帮巴顿。

巴顿还有一把带有皮带的军刀和一支带有枪机的步枪，巴顿和爸爸出去溜达时总会背着这杆枪，还带两发空的22式子弹。

每次巴顿都郑重其事地把子弹壳上膛，假装向狮子或是强盗开火，感觉自己真的像英雄一样。

有时爸爸拿着爷爷的军刀，巴顿拿玩具军刀，他半跪下来和巴顿拼刀，每到那时巴顿都戴着他给巴顿的那副拳击手套。

巴顿家有一个专门做木匠活的小屋，里面有一个小木凳和一套漂亮的玩具，这套玩具是威廉·本宁上尉送给巴顿的。

爸爸和巴顿又做了一艘玩具船。一天他说要给巴顿做一把刀，巴顿从鸡圈的栅栏上抽了一根板条，爸爸用它给巴顿做了一把带十字护手的军刀。

玛丽又给巴顿做了一个粗厚坚硬的刀鞘，巴顿套在军刀上，整天背着刀带着枪，后来巴顿自己又做了许多类似的武器。

有一次巴顿和爸爸骑着马爬上桃花岭，巴顿给枪装子弹的时候，马鞍翻了，巴顿结结实实地摔了一跤，但没怎么伤着。

当时巴顿用的马鞍是他爷爷临死前还在用的那一个，这个马鞍的鞍头上有一小块暗红，巴顿想大概是自己的血，爸爸也是用这个马鞍学会骑马的，所以巴顿非常喜欢这个马鞍。

巴顿 10 岁的时候，爸爸送给他一副从英国进口的马鞍和笼头。

爸爸还给巴顿买过一支 16 式盖奇重型猎枪，12 岁时爸爸又给巴顿买了一支 12 式勒菲弗枪。

买枪那天，爸爸从银行借了钱，巴顿觉得太贵了，爸爸却说这支枪会伴随巴顿一生的，所以还是买下来了。

当爸爸在枪上刻巴顿名字的缩写时，巴顿让爸爸省去了小字，那样爸爸也可以随便用这杆枪了。

只要家里人想要什么，小巴顿的父亲从不吝啬，但他自己什么也不买。

1834 年，巴顿的父亲参加国会选举，但是小巴顿和妹妹都不希望爸爸选上，因为一想到爸爸要离开家，他们就很难受，所以他们就决定，如果爸爸落选，就举行一次划船比赛庆贺。

后来，小巴顿的父亲真的落选了，他那天虽然很难过，但他还是带巴顿他们去水库划船了。

巴顿生平钓的第一条鱼也是和爸爸在一起钓的，那是一个星期天，吃完早饭后，巴顿和爸爸还有表哥一起去池塘钓鱼。

这可是巴顿第一次钓鱼，他钓得格外认真，可是很长时间也没有钓上来一条，因为他一会儿便竖起竿来看一下。

父亲看巴顿很着急，就教导他一定要耐心，才能钓到鱼。

这次巴顿真的坐在那里一动也不敢动，最后他真的钓到了一条鱼，当时巴顿拿着这条鱼，高兴得一蹦一跳。

第二天早餐就吃的这条鱼，从那以后，巴顿再也不喜欢吃鱼了。

小巴顿的父亲每次出远门前，都一定叮嘱巴顿，不能游过码头。

不过，有一次巴顿潜水潜得太深了，一不小心越过了码头，这让小巴顿一直很不安。

后来直到爸爸回来，巴顿向他承认了错误，才最终安下心来。当然，父亲没有不高兴，相反他对巴顿的游泳技术感到非常自豪。

有一次，巴顿的父亲和巴顿还有几个人去打猎，他们到阿瓦隆时，和往常一样，一群人围上来问他们打了多少山羊。

当时别人都是只捕了一只，只有巴顿打了好几只，所以巴顿扬扬自得地大声炫耀。

这时，巴顿的父亲婉转地对儿子说："孩子，如果你不表现你比别人打得多，你就更像运动员了。"

其实巴顿的父亲既不喜欢钓鱼，也不喜欢打猎，但直到巴顿成年以后，还是经常陪巴顿去岛上打猎，去河边钓鱼，这都是他喜欢巴顿的表现，他只想陪着自己的孩子玩。

后来巴顿知道了父亲不喜欢户外生活，只是因为儿子的缘故才不厌其烦地陪孩子们玩耍，就更加敬爱父亲了。

爸爸从加利福尼亚回来，他给巴顿带回来了一把军刀，这是巴顿的第一把军刀。

这把军刀是 1870 年法式军刀，当时洛杉矶一个店里在卖，于是巴顿就请求爸爸给自己买了一把。

结果爸爸真的给他买了回来，巴顿对回到家后躺在草地上欣赏军刀的情景，一直记忆犹新。

有一次，当时巴顿还很小，人们要把一棵橘树连根拔出来，但怎么也拔不动。

这时巴顿出来了，他告诉他们应该把绳子系在树上，再把绳子系在马身上，策马奔驰，这样就可以拔动了。

爸爸在那天晚上吃饭时说了这件事，还夸奖巴顿说："如果没有这孩子，可能人们还弄不倒那棵树呢！"

对于童年生活，巴顿后来回忆起来的时候总是说，自己是世界上最快乐的孩子。

巴顿能够有这样幸福的童年，无疑是与他的父母，尤其是他父亲的爱护分不开的。

战胜阅读困难症

小时候巴顿的父亲经常给巴顿和妮塔朗读《伊利亚特》和《奥德赛》。当时在客厅靠近壁炉的地方有一把很大的椅子。

巴顿和妮塔一个坐在他的腿上，一个就坐在旁边的椅子上。

那时巴顿的父亲总是穿着一件棕白色相间的格子便衣。

妈妈说爸爸总留着这件衣服是因为上面有巴顿的味道，其实巴顿小的时候常把吃的东西吐在上面。

对于童年的小巴顿来说，坐在爸爸的腿上听爸爸读书，是经常的事情。巴顿天生好动，似乎需要不断地活动，以发泄他那充沛的精力。

一到晚上，小巴顿就和妹妹坐在父亲的身边，有时干脆就坐在父亲的大腿上，一边一个，倾听父亲音质优美、抑扬顿挫的朗读。

其实，小巴顿的父亲这样做主要是心疼儿子，巴顿虽聪明伶俐，但在阅读方面却天生有缺陷。

对于阅读中的读音和拼写障碍，医生称为阅读困难症，阅读困难症是一种很普遍的学习困难，那些被称为有学习障碍的人群很大一部分都受到这一问题的困扰，这可能包括了大部分学习成绩不好的孩子。

不过，在父母的呵护下，小巴顿自己却从来没有感觉到自己有什么问题。

巴顿7岁生日那天，爸爸妈妈为他在葡萄园开了一个规模不大的但十分热闹的庆祝会，还请来了当地有名的杂耍艺人表演。

晚上，大家在葡萄园的空场上放起美丽的烟火，一直到深夜，客人们都告辞后，直到他该睡觉的时候，才想起来还没有向爸爸妈妈说晚安。

小巴顿蹦蹦跳跳来到父亲的书房，正要进去，听见爸爸和妈妈正在谈论着什么，而且间或还叫到他的名字。巴顿好奇地站在门外听了起来。

"我真的很担心，他已经满7岁了。"妈妈忧虑地说。

"我知道你的想法，我也很想能让他接受正规的教育，但我们的小乔治不同于一般的孩子，我们不能让他在人们习以为常的观念中感到自卑，你知道吗？"父亲说。

"我知道你的用心所在，你那样忙碌，而且你安静的性格是不喜爱整天进行这些户外活动的，但为了小乔治，你真的作出了很大的牺牲。"

"亲爱的，我担心的也就在这里，公务越来越繁忙，我已经不得不尽量提高工作的效率，但陪伴他们的时间一点也不能少，要知道，为了我们的儿子能够早一天和正常孩子一样，我必须付出更多的努力，让他早一天摆脱一切障碍。"

门外，小巴顿似懂非懂地听着，他并不能完全理解父母所说的他和普通孩子之间的不同究竟是什么。

但是，小巴顿至少明白了，爸爸原来并不热衷户外生活，完全是为爱他，迁就他而这样做的。

7岁的小巴顿好像一下子成了一个能够深深体会父母之爱的大人了。

当时不要说小巴顿不知道自己有什么问题,其实他的父母对此也不十分清楚,他们只知道小巴顿不能控制自己的阅读和书写,在学习的过程中相当吃力,而当时医学界对这种情况还没有过多研究。

而且大多数人并不了解病人的痛苦,得了这种怪病的人,从懂事开始,将十之八九与笨蛋、白痴的嘲讽相伴终生。

在当时的条件下,巴顿的父母无法透彻理解折磨小巴顿的究竟是什么,但他们相信自己的儿子绝对不是低能儿,更不是不求上进。

小巴顿的父母更能体会巴顿在学习中所遇到的种种不幸遭遇,没有让巴顿按学龄上学,是因为他们担心一旦入学,巴顿难免会因发音与书法的拙劣,而遭到同学的嘲弄与讥笑,以致丧失自信。

巴顿的父亲同样是一个执着而倔强的人,他既相信自己能找到更为合适的方法,让小巴顿顺利完成最初级的学习,又更坚信自己的儿子不会是个怯懦的胆小鬼。

为了锻炼小巴顿的阅读能力,父亲每天晚上无论多忙,都会抽出一段时间来为孩子们朗读。

父亲纯正的男低音读起故事来抑扬顿挫,音调也随着情节的变化时而低缓,时而高亢。

在巴顿年幼的心灵当中,那些历史故事与文学作品中全副武装的英雄形象,都是在爸爸的朗读中变得生动起来。

所有用来朗读的书籍都经过了精心挑选,其中以苏格兰诗人瓦尔特·斯柯特勋爵的作品居多,还有著名的荷马史诗。

在众多的故事中,巴顿尤其表现出对于战争、军人形象的喜爱，军事统帅们富有传奇色彩的战争故事使巴顿迷恋不已。

汉尼拔、恺撒大帝、圣女贞德、拿破仑等这些古往今来的英雄故事，让巴顿达到了近乎痴迷的境地。

爸爸之所以每日为孩子朗读，主要也是为了巴顿。因为巴顿虽然聪明过人，而且似乎有无穷精力，但战胜阅读困难症也并非易事。

除了朗读之外，爸爸妈妈还专门请来家教和语言教练，定期协助他克服阅读与发音上的障碍。

在此后的很长一段时间，巴顿接近于完美的童年生活都伴随着由病症带来的、挥之不去的危机感。

而爸爸与妈妈无尽的爱却使他拥有无比的自信，正是靠着这种爱，巴顿才得以在之后漫长的10多年中通过艰苦的努力，最终摆脱阅读困难症的阴影，也正是这个过程，在潜移默化中塑造了巴顿坚毅的性格。

1897年9月，巴顿12岁那年，爸爸妈妈决定让巴顿去男子古典中学去念书，这个学校是由斯蒂芬·卡特·克拉克兄弟主办的。巴顿报名那天，父母陪伴着他乘着那辆旧四轮马车去了学校。

路上，一家人坐着马车，谁也没有说话。

爸爸妈妈虽然也希望巴顿能早一天和正常孩子一样，接受正规的学校教育，但是一想到巴顿将第一次离开家人，自己照料自己的生活，他们真担心巴顿无法独立承受种种不可预知的压力和困难。

小巴顿也感觉到了一种从来不曾有过的离愁，他知道，今后他得一个人对付自己不听话的舌头和手指了。

马车刚刚驶过加利福尼亚大街，来到莱克大街，爸爸扭过头悲伤地对巴顿说："孩子，从今以后巴顿们的路就要分开了。"

巴顿从来没有忘记过这句话，他直到很久以后还不无怀念地说:"尽管我们后来离得越来越远了,但我们的心却从来没有分开过。"

在克拉克学校学习期间,其他的正常孩子完成学业尚且不轻松,何况巴顿还有阅读困难。

所以,巴顿经常不得不比别的孩子付出更多的辛苦和汗水。更主要的是,巴顿还要忍受同学们的羞辱与嘲笑。

有些同学在课堂上模仿小巴顿发音不准的朗读,有些同学还在黑板上模仿他不很规整的拼写。他虽然很愤怒,但并没有因此而气馁。

父母及家人的拳拳爱心和大力支持鼓舞了巴顿,振奋着他的精神,促使他决心取得成功。

巴顿知道,自己的所作所为,不仅仅是为了自己,而更主要的是为了报答父母和效法祖先。

刚开始的半年里,一到晚上熄灯睡觉,巴顿就偷偷地在被窝里流泪。一方面可能是想家,另一方面,是他感到了学校生活的压力。

不过,爸爸经常给他写信,告诉他:"巴顿家的孩子永远都不能输给别人"。

在校六年期间,巴顿的学业一直都在进步之中,尤其令他引为自豪的是他那名列前茅的操行成绩。

此外,他最喜爱历史课,成绩也相当不错。学校的历史课内容丰富而充实。

上学之前,父亲就经常给他讲各种历史故事、伟人的经历和军事家的功业,而在历史课上,巴顿获得了更加完整而系统的书本知识。

小巴顿的历史老师把历史看作是一幅由领袖人物在不同道义上

进行选择后，而构成的恢宏而鲜明的画卷，是在那些各怀豪情壮志的人之间产生的一系列冲突。

这些历史人物的决定有的英明有的愚蠢，他们中一些人推动了文明的进程，有些人则由于出发点的错误或是个性的缺陷而阻挠了人类的进步。

老师们在课堂上传授知识的同时，还反复强调爱国和献身是公民应有的品质。

这样的教育，将小巴顿对于历史故事的迷恋推上了一个新的高度。

小巴顿强烈地意识到，历史就是理解过去、掌握现在与洞悉未来的金钥匙。

历史的进步与否，往往是由伟大的人物决定的，而伟大人物都具有爱国主义、自我牺牲精神的优秀品质。

在这所学校里，巴顿掌握了基础知识，更为重要的是学习了运用逻辑思维的方法，学会了如何正确地作出科学而合乎道义的选择。

小巴顿曾经在作文中说：生命中的荣誉只会赐予那些渴望荣誉并竭尽全力去追求的人。

在自己平时的作文中，小巴顿不止一次，表现出对于英雄人物的崇敬和喜爱。

有一次，在提到英雄亚历山大大帝时，小巴顿说：没有人像亚历山大那样真正地要成为一个伟人，在他早年的时候，他就追求完美，不管是什么事。

巴顿尤其崇拜因防御顽强而号称"石墙"的美国南部同盟军将领杰克逊将军，因为巴顿家族的几位成员都曾在杰克逊的麾下供职。

这个人作战勇敢、指挥有方、充满自信、战绩赫赫，成为巴顿效法的楷模。

同时，小巴顿还表达了超越前人渴望，他一次这样说：对于古人过度的崇拜其实是一种不幸，因为它阻碍了现代人的进步。

从中学时代起，巴顿表现出强烈的上进心，他认为，为了达到出人头地，就必须在某些方面具有专长，并得到社会的承认。他认为他本人的专长就是在军事领域有所作为。

为此，小巴顿非常重视荣誉和声望胜过生命，认为只有继承了家族那种伟大、崇高和辉煌的传统，只有向社会展示出超群的才干并为国家做出卓越的贡献，才能获得荣誉和声望。

尽管巴顿的童年始终在阅读困难的病痛中度过，但在那个时代，巴顿无疑又是幸运的。

巴顿拥有富裕而甜蜜的家庭，家里有爱尔兰与墨西哥佣人，他不曾尝过真正的贫穷与饥饿，更重要的是，父母和妹妹都十分爱他。

这一切对于小巴顿的成长，都是非常有利的因素。

通过几年的学习，小巴顿的思维日益变得深刻，他已经可以看出隐藏在事情背后更深的东西。

巴顿说：古代小亚细亚本都国王米特拉达梯大王，尽管征服了罗马却无法征服东方，因为他缺少一种东西，而这种东西则造成了一名好的将军和一名伟大的将军之间的微妙差别。

很快，巴顿自己也要开始努力学习那种造成一名好的将军和一名伟大的将军之间细微差别的知识了。

渴望从戎成为军官

1902年夏末秋初,小巴顿很快就要17岁了。他希望成为一名正规的美国军官。

巴顿先生认为这也能够发挥小巴顿的潜能,而最好的从戎出路就是在西点军校学习。

西点军校即美国军事学院,通常被称为西点军校。

西点军校是美国第一所军事学校,西点军校的校训是"责任、荣誉、国家",该校是美国历史最悠久的军事学院之一,它是世界四大军校之一。

西点军校号称"美国将军的摇篮",它曾造就了斯科特、格兰特等一大批杰出将领,是美国许许多多热血青年向往的场所。一心想当军官的巴顿当然也不例外。

西点军校的正式名称为美国陆军军官学校,其目标是培养陆军初级军官。

该校位于纽约市以北约80公里处的哈得逊河西岸,属于纽约州奥兰治县。

这个地方原为英国军事哨所,是控制哈得逊河航道的战略要点。1778年1月20日的美国独立战争期间，被美军占领，此后一直是军事用地。

1802年7月4日，美国国会通过法案，正式确定在此建立美国陆军军官学校。

学员从西点军校毕业后，立刻就能被授予少尉军衔，但是要取得西点军校的入学资格很不容易。

入学要求是法律明文规定的，20世纪初的西点军校有500名学员，每年只招收150名新学员。

按规定，合众国总统有权推荐30名，国会参议员、众议员和特区代表每人有权推荐一名。

申请人可以在任何时候向陆军部次长递交申请，被选上的必须参加由军官委员会组织进行的考试。考试非常严格，由体力、智力两方面组成。

申请人必须在17周岁至22周岁之间，精通各门功课。如果学员是从公立学校、州属重点学校毕业或是取得正规大学的入学许可，则是精通各门功课的有力的证明。

为了让小巴顿取得入学资格，1902年9月21日，巴顿先生写了两封信，一封是给西点军校的督导，查询有关学员资格信息，另一封是写给上议员、共和党人托马斯·巴特先生，希望他能想着小巴顿。

巴特先生回复说，他会在适当的时候，给小巴顿一个参加考试的机会。

为了给议员施加一些压力，因为他初到加利福尼亚，自己本身又没有什么值得称赞的军事业绩。

为了更好地向巴特先生推荐，小巴顿的父亲在征得朋友前联军少校亨利·李法官同意的情况下，以朋友的名义，给巴特先生写了一封信。

小巴顿的父亲在信中这样说：如果家族史有一定的参考价值的话，小巴顿毫无疑问是来自于军人家庭。

小巴顿是弗吉尼亚的约翰·华盛顿的后人，他的先辈中有在独立战争时期极负盛名的马瑟将军。

小巴顿的祖父就是弗吉尼亚的巴顿将军，在北弗吉尼亚的军队中因其骁勇善战而享有盛名。他的母亲的家族也极不平常，是尊敬的威尔逊先生的外孙。

12月27日，巴顿先生又给军校督导写了一封信，从而得知巴特议员是最有可能的有权推荐小巴顿的人选。

除了西点军校，巴顿先生当时也考虑送小巴顿去弗吉尼亚军校、亚利桑那大学、普林斯顿大学等学校学习，并同校方取得了联系。

但是，尽管小巴顿获得这些学校的入学资格的可能性极大，小巴顿还是希望能进入西点军校。

这样，巴顿先生终于下定决心，一定要想尽办法把儿子送进西点军校的大门。

接下来，小巴顿的父亲做了三件事。

第一件事是给西点军校督导拍了电报，以确认巴特先生将有资格提名一位学员。

得到的答复是肯定的，因为巴特先生一位指定的学员正念三年级，并将在1904年毕业。

第二件事是让小巴顿向陆军部次长递交申请，从而把他的名字登记下来。陆军部次长答应在合适的时候，递交给议员。

第三件事是亲自给巴特议员写了一封信，请求他推荐小巴顿去西点军校学习。

巴顿的父亲在信中说："自己的儿子少年时期就希望参军，这是由于家族遗传的因素而产生的一种本能。"

然而此时巴特先生仅仅承诺把小巴顿加入推荐参试人员名单中，这既是个好消息，也是个坏消息。

如果巴特先生安排的考试完全公允的话，小巴顿极有可能通不过，因为他拼写极糟，书本知识匮乏，头脑反应平平。

但是，如果提名能够考虑到考生的综合素质，不完全依赖于考试成绩，倒还有些可能。

不管怎样，巴顿先生都要努力一搏。

小巴顿的父亲请他的许多具有影响力的朋友给巴特议员写信，请他们推荐小巴顿。

这些人包括洛杉矶第一国家银行总裁艾略特、洛杉矶邮政署长格雷夫，另外还有他自己的继父、加州最高法院5位专员之一的乔治·史密斯。

亨利·李也多次给巴特先生写信，帮小巴顿说好话。

巴特表示，小巴顿会有机会和其他候选人平等竞争，并申明会考虑家族史。

由于小巴顿只是在一所私立中学学了6年，入学考试对于他是个问题。

但是还有一条出路，如果候选人是联办正规学校的学生，那么就可以在持有教务处证明的情况下，不经考试而直接进入西点军校学习，巧的是，弗吉尼亚学校正是这样一所学校。

那时，巴顿先生先后收到了莫里斯顿大学、普林斯顿大学的入学通知书。

事情已成定局，巴顿先生最后将儿子送进弗吉尼亚军校学习，巴顿家族已有两代人就读于此，现在学校的负责人不是朋友就是亲戚。

这一决定意义重大。

如果小巴顿能获得提名进入西点军校的话，在弗吉尼亚学校一年的学习可以帮他适应离家生活，并能保证他在进入西点军校时不需经过入学考试。

即使做最坏的打算，小巴顿不能获得提名，那么他也可以在弗吉尼亚军校完成学业。

幸运的话，小巴顿也可能由此进入正规军队，因而1903年的大部分时间，小巴顿一直在弗吉尼亚军校刻苦地学习。

西点梦变成现实

1903年9月,巴顿在父母、姨妈和妹妹的陪同下第一次离开了家乡,踏上了东去的列车。

此时巴顿已经年满17岁了,身高1.8米,身材细长,表情严肃,俨然一副成年人的样子。

小巴顿现在有点紧张,但是他一直在念叨爸爸临行时的话,巴顿家族没有胆小鬼。

同时,小巴顿也从父亲的教导中得到了力量,他深知,无论如何,绝不能辱没自己的血统。

有趣的是,临行前巴顿在到裁缝店做制服时意外地发现:他的制服尺寸无论在高度、肩宽,还是在腰围、胸围上跟祖父、父亲从前的军校制服都惊人的一致。巴顿认为这是一个好兆头,有祖辈们保佑,自己必将吉星高照。

几天以后,巴顿来到学校报到。刚下马车他就发现,门廊里几个姑娘不屑一顾地看着他,其中一个还尖叫道:"瞧!来了一个小老鼠。"

老鼠是当时对一年级新生的蔑称,因为他们初来乍到,对一切都感到陌生，可以说充满畏惧，所以被非常形象地称为老鼠。

在军校里，各年级学员之间颇有"等级森严"的味道。在平常的训练中，一般是高年级学员指挥低年级学员。

高年级学员常以老资格自居，殴打、辱骂等欺负低年级学员的事情时有发生。

不久，父母和妹妹离校返家了，但疼爱他的姨妈安妮却继续留在莱克星顿，帮助他克服思乡病。

实际上，安妮一年的大部分时间都住在这里，想方设法给巴顿以家庭温暖，使他不致感到孤独，并激发他的进取心。

入校初期，巴顿的老毛病仍时常作怪。

由于经常误解校方通报上的字意，他不断出错，甚至闹出了笑话。他只好把满腔的烦恼都倾诉在给爸爸的信中。

父亲在回信中告诫他要尝试阅读各种字迹的文稿，要搞懂单词的每个字母直至理解整段文字。

父亲还重提以前对儿子的忠告："对高年级学员要有礼貌，但只在同年级学员中交朋友，首先要成为一名优秀的军人，其次才是学好文化课。"

巴顿严格按照父亲的教诲进行学习生活，果然大有起色，到圣诞节前夕，他的成绩和表现就都非常良好了，还赢得了许多朋友。

巴顿如饥似渴地学习军事知识，严格遵守军容风纪和日常生活制度，不折不扣地执行一切规章制度，不久就被评为内务整洁、着装规范和军姿优美的标兵，很受教官和同学们喜爱。

课余时间，小巴顿也搞一点恶作剧，借以放松一下紧张的神经。

巴顿还是班上第一个被吸收为秘密的兄弟会会员的人，虽然他从内心并不愿这样做，但不得不顺其自然，因为这意味着他已经被高年级同学同等看待了。

弗吉尼亚军事学院的南方特色、同学之间情深意笃和安妮姨妈的体贴照顾，使他在这里从没有感受到孤独的滋味。

尽管如此，他还是念念不忘上西点军校学习的事，每次给父亲写信都提醒他催促那位参议员，他早就下定决心，来这学习，只是为进西点军校做准备。

那个巴特先生最终确定，进行一次考试，时间是1904年1月，地点在洛杉矶。

巴顿的父亲由于担心儿子千里迢迢跑到洛杉矶进行考试，可能会影响成绩，所以希望巴特先生同意让自己儿子在华盛顿巴特参议员的办公室考试。

但是，巴特参议员不同意，巴顿只好匆匆去了洛杉矶。

巴顿在去洛杉矶的途中，丝毫不敢放松，抓紧点滴时间复习功课。他终于按时赶到了考场，参加了考试。

考完试后，巴顿感觉还不错，但是他一天也没有在洛杉矶停留，又匆忙回校上课了。

当时共有12个人参加了考试，不久洛杉矶地方报纸上登出了前三名，巴顿榜上有名。

父亲的朋友纷纷给巴特去信，为巴顿游说。在这样的情况下，巴特最终决定推荐这位民主党人的儿子。

得到这个消息后，小巴顿的父亲激动极了，马上打电报给儿子，向他表示祝贺，全家人都欣喜若狂。

第二天上午，父亲坐下来给儿子写了一封洋洋万言的长信，抒发他对这件事的感受和对巴顿的殷切希望。

父亲对小巴顿说，虽然巴顿即将与家人分开，但全家都为他感到高兴,因为一个人在世界上最强烈渴望做的事,便是最适合于他做的事。

梦寐以求的西点梦终于实现了。巴顿兴奋得不可抑制,同学们也纷纷向他表示祝贺。

巴顿在弗吉尼亚军事学院的一年中也可谓硕果累累,不仅进一步坚定了献身于军队的思想,身体和心理都进一步成熟了,而且还在实践中证明了自己有能力与同辈人进行竞争,从而增强了他的自信心。

由于顽强锻炼,努力学习,巴顿取得了优异的成绩。他被告知,如果第二学年继续在该校学习的话,他将被提拔为第一下士,这是二年级学生中唯一的最高军衔。

在失望中学会反省

1904年6月，巴顿中辍了弗吉尼亚军事学院的学习生活，怀着更高的追求，兴致勃勃地来到梦寐以求的西点军校。

在去西点军校前，巴顿和父亲在里士满逗留了两天，他们去了7天战役的战场，瞻仰了华盛顿凝视国会大楼的雕塑。父亲还指着监狱说，这对于立法者来说是具有预言意义的。

巴顿入学的前一天，爸爸陪巴顿去西点军校，下午巴顿在校园里散步的时候，所有军校的学生都向爸爸敬礼致意，他们还以为他是军官呢！西点军校果然名不虚传。这里不仅校园幽雅洁净，作风纪律更是严谨规整，充满着正规的军事化气氛。在教育训练的内容和要求方面，比其他一般军事院校明显地高出一筹。

在最初的日子里，巴顿对这里的一切都感到新奇：餐厅里的桌布几乎每天一换，到处窗明几净，一尘不染，大家都循规蹈矩，一切都是严格的军事化。但是不久巴顿觉察到，这里并没有他所欣赏的那种南方绅士气派，许多学员的出身并不高贵，充其量属于中产阶级家庭，没有超凡脱俗的远大志向。

巴顿在给自己母亲的信中说：亲爱的妈妈，西点军校非常的好,到目前为止这里的待遇比弗吉尼亚军校好。

第一年的时候,巴顿的寝室共有3个人,同屋的另外一个人还凑合,学习刻苦,讲究卫生。不过有一个人比较差,说话大大咧咧,只能说是中等水平的同学,算不上是真正的绅士。

在巴顿找到可以真正称为绅士的同学并且与他们同住前,巴顿不得不和这两个人住在一起。

巴顿认为自己属于一个可能快要灭亡或者从来就没有存在过的阶级,与那些懒散、声称爱国而又爱好和平的军人之间差距甚大,如同天堂与地狱之别。

所以从刚入学起,巴顿就决心以不同凡响的面貌出现,为成为一名震撼世界的军人而奋斗。

但巴顿的勃勃雄心,在入学不久就受到严峻的考验。在文化基础课方面,他缺乏扎实的基础,学习非常吃力,成绩落在同学们的后头。学习上的困难令巴顿烦躁不安,惶惑的阴影一度笼罩心里。他甚至开始怀疑自己以前的想法。

在给自己父亲的信中,巴顿说:"不知道您知不知道我一直以为自己是个军事天才,我将来可能会成为一位伟大的将军,但就现在的情况来看,似乎这种想法没有什么根据。"

事实上自己与其他同学唯一的不同在于,自己有理想并有信心实现理想,而他的同学连理想也没有。巴顿开始幽怨甚至诅咒自己是一个平凡、懒惰、愚笨而又雄心勃勃的幻想家。

巴顿深深感到,这样下去,前途无望,将无颜以对列祖列宗,会玷污家族的血统和荣誉。一旦碰到某些困难,巴顿又显得非常脆弱,现在他就陷入了这种困境。

巴顿曾经灰心丧气地对自己的父亲说:"恐怕您高估了我在这儿学习的好处,别忘了,我不是唯一的一个学生,我只是500名学生中的一员。其中有些学生非常优秀，比您的儿子不知强出多少倍。"

在失望的同时，巴顿也开始学会了自省，他在给父亲的信中反思说："习惯是人类最强烈的情感，这一点从我身上可以得到证明，我一点也不刻苦勤奋。我现在没有课时却也不知该如何打发时间。"

就是在这样的生活中，巴顿在一天天地变得成熟起来。

有时巴顿认为自己真是糟透了，他这么说倒不是有点泄气或是羞耻了，而是说每次骂过自己以后，过不了两天又恢复原样了，一点也没改变。当时巴顿一直生活在对未来的幻想中，这种幻想使巴顿工作没有激情，也阻挠了巴顿的进步。

巴顿一直都告诉自己明天要好好学习了，结果今天就总是很懈怠，不为明天做准备。

另外，巴顿只看重军事课目，尤其偏爱队列训练和战术理论。

战术系的教员们对巴顿在战术理论方面的独到见解十分赞赏，认为他具有超越平常人的军事天赋和才智，是全系最杰出的人才。

对于队列训练的爱好，巴顿更是达到痴迷的程度。他认为队列训练最能体现军人的气质，培养军人良好的军姿和顽强的意志。

根据训练计划的安排，队列训练是在每周六进行一次，可巴顿在星期天下午就苦练下一周的课目内容。因此，巴顿的队列动作漂亮利落，堪为表率，名列全班第二，出尽了风头。

遗憾的是，巴顿的数学成绩在全班倒数第一。尽管好友哥萨尔斯劝他挤出队列训练的时间攻读数学，但巴顿置之不理。为此，巴顿终于尝到了苦头，在第一学年结束时，校方决定让他留级，他原来预想在学年末当上士学员的计划破灭了。

留级是对渴望成功的巴顿一个巨大打击，他当时感觉自己真是太蠢了、太无能了。

在这样的情况下,巴顿在给父亲的信中说,自己除了渴望,巴顿什么也做不了,真是太不幸了。

很快,小巴顿的父亲给他回了一封信,信中这样说:

亲爱的孩子:

我今天收到了你的来信,知道你在障碍赛中失败了,你不知道我有多难过,因为我了解你是怎样热切地渴望成功的。

做到有理想并竭尽全力地去赢得比赛是一件好事,但是你必须也要学会平静地接受挫折和失败。

你也要了解只要你已经尽了最大努力做了你该做的事,那就足以自慰了,真正的成功者是那种勇于进取并理应得到成功的人。

你必须独自去面对生活中的每一场战斗,在接受失败或是迎接成功的过程中,成长为一个真正的男人,我并不担心你,我知道你正在尽力争取成功,这也是你所能做的。当你这么做的时候,在我这方面来说,你已经成功了。

品学兼优的佼佼者

挫折有时并不一定就是坏事,如果利用得好,它能够起到促进激励的作用,把坏事情变成好事情,成为一种精神动力。

巴顿就是这样,他在父亲的鼓励和诱导下,迅速地调整了自己,重整旗鼓,从头做起。

整整一个暑期,巴顿几乎没有休息,他要改变自己的状况,他要努力学习。

巴顿的父亲专门为他请了家庭教师,就这样,巴顿一边自己努力,一边接受家庭老师的辅导,非常系统地温习并掌握了全部功课内容。

为了防止自己思想不集中,巴顿在日记中多次告诫自己:"一定始终不渝地竭尽全力。"

努力终于获得了成效,一个假期的补习,让巴顿的数学成绩有了大幅度的提高,他不再害怕数学,甚至说开始有点喜欢数学。

新的学习生活又开始了,现在巴顿似乎变得成熟了许多,他以崭新的精神面貌,脚踏实地地去争取自己希望获得的成功和荣誉。

巴顿为自己预设了军校期间期望的三个奋斗目标：在队列训练中夺冠，到四年级时升为学员副官，在田径运动项目上打破学校纪录，达到 A 级运动员标准。

到二年级时，巴顿开始在各个方面崭露头角，成为全校十分引人注目的人物。

巴顿首先在运动场上一显身手。绿茵场上不愧是一名冲锋陷阵的勇士，跨栏比赛敏捷迅速。

令人欣喜的是，巴顿并没有因此荒废学业，各科成绩均取得优良成绩。学年末，他被任命为年级的第二下士学员，负责带领一年级的一个连队。

另外，作为学员连队的小头目，巴顿显示了指挥员应有的负责精神和管理才能。

功夫不负有心人，勤奋不辍、潜心投入、性格坚强，使巴顿获得巨大成功，他的奋斗目标一个个全部实现：队列训练成绩名列榜首，刷新了几项田径项目纪录，四年级时被任命为学员副官。

学员副官是全体学员的头，是品学兼优的佼佼者。巴顿为此春风得意、心花怒放。

无论在阅兵和训练中，他都保持着一种昂扬的激情和勃发的姿态，俨然是一位指挥千军万马的将军。

在练兵场上，他喊着口令，昂首阔步，面对检阅台做各种示范动作，犹如鹤立鸡群，令人称羡，而这正是视荣誉如生命的巴顿所向往和追求的。

这项任命坚定了他的信心：成功来自长期不懈的努力，来自全力以赴的拼搏。

巴顿在给女友的信中写道："你还记得很久以前，我说我想当学员副官吗？我担心我永远也当不上，而你却说我会当上的。如今我如愿以偿了。"

1909年6月，巴顿毕业了，时年24岁。虽说他花费了5年时间才读完所有的课程，但仍取得惊人的成绩。他是学校跨栏赛纪录的创造者，同时还是优秀的击剑运动员和步枪、手枪的特级射手。

巴顿以标准的着装、优美的军姿、出色的领导才能和勇敢莽撞的举动而成为西点军校的骄傲和关注的中心。

更为重要的是，巴顿以惊人的毅力和意志战胜了阅读困难症，克服了摆在他面前的一个又一个障碍，所有的课目都取得了令人满意的成绩。

巴顿比别人付出了更多的劳动和汗水，因而获得了更多的荣誉和成果。但这仅仅是一个开始，他迫切地渴望在真正的军旅生涯中开辟出显赫与光荣的道路。巴顿对军人职业一直孜孜以求，达到痴迷的程度。

巴顿在给恋人比阿特莉丝写的一封信中说，之所以热衷军旅生涯，是因为珍惜传统、喜欢刺激和渴望荣誉，如果你拿走了这三种东西，生活还有什么意义呢？

同时，在军校的几年学习中，巴顿也为自己未来的兵种选择，做好了打算。虽然他踌躇满志，雄姿英发，急切地渴望效命沙场，但是他却为选择兵种颇费思量。

首先，巴顿分析了炮兵，火炮具有无坚不摧的威猛形象，炮兵是令人称羡的。

但巴顿认为，炮兵离短兵相接的前线太远，既缺少刺激，又无建功立业的机会，所以，巴顿首先排除了炮兵。

接着在当步兵还是骑兵的问题上，巴顿出现了思想矛盾。骑兵训练比较有趣，可是想提升到中尉得要13年，而步兵训练不费什么劲，7年就能提升到中尉。

这一下子就是6年的差别，唉！巴顿真是左右为难。

但是，巴顿最终把深情的目光投向了骑兵。

巴顿自幼就崇尚骑士精神。他觉得骑士最能体现家族的传统，他们具有高贵的绅士风度。

当一名骑兵军官，可以挥舞闪亮的军刀，指挥千军万马，驰骋疆场，杀敌立功。

巴顿不想享乐，他只想成功，他宁愿辛勤工作一百年去赢得一场战争，也不想碌碌无为地活一千年。

坚毅非凡的骑兵少尉

1909年6月，巴顿告别培育自己的母校，来到了伊利诺伊州芝加哥附近的谢利登堡，在骑兵团任骑兵少尉。

谢利登堡是一处不太起眼的军事哨所，荒凉而冷漠。除了正常的训练和演习之外，军官们大多无所事事。

对于巴顿来说，现在是新生活的开始，他要以生气勃勃的工作精神，打破了连队往日的沉寂。

巴顿对这里士兵的无知感到极为吃惊，他们大多数人英文都不好，但是他们所有的人都在努力训练。

巴顿认为，他们都值得尊敬，因为他们对于集合从不提出疑问，也不在乎被责骂。

巴顿倒是从未责骂过他们，但巴顿看到别人尤其是下士责骂他们，他们一点都不介意，至少没有流露出介意的表情。

巴顿对谢利登堡军营的第一印象是，除了少数几位军官外，大多数军官毫无绅士风度，有些军官更为糟糕，甚至天天不务正业。

在所有的上司中，他最佩服的是弗朗西斯·马歇尔上尉。

在巴顿眼里，马歇尔无疑是一位绅士和最优秀的军官，他们夫妇俩举止端庄、待人宽厚，靠部队的薪水生活，有仆人伺候，定期向慈善机构捐款。

弗朗西斯·马歇尔上尉任骑兵连长，在此之前，他曾在西点军校参谋部供职，因而对巴顿的在校表现一清二楚。两人很快建立了信任与友谊。

巴顿刚到任就患了花粉热，幸得马歇尔上尉的照顾，一个礼拜后就痊愈了。

上尉领他在营区转了一圈，让他尽快熟悉连队的日常生活。他们检查食堂卫生，观看靶场的实弹射击，督促马夫值班，查阅办公室的文件等，巴顿对每个细节都很留心。

巴顿满怀信心、精力充沛地投入新的工作和生活。他特别喜欢带兵参加野外训练和演习，讨厌枯燥乏味的办公室工作。

但连队的野外活动并不多，他感到闲暇有余，于是便把很多精力投入到其他事情上。

一方面，巴顿少尉利用大量时间继续研读军事理论著作，特别是克劳塞维茨的名作《战争论》，虽然晦涩难懂，但巴顿读得津津有味，一字一句细细品味，手不释卷。

读书学习使巴顿获益匪浅，不断丰富了知识，提高了军事理论素养。他信心十足地说："即使不发生战争，我也要当上将军。"

后来，巴顿把学习研究的体会，撰写成军事学术论文，在美国军事杂志上发表，颇受重视和好评。

巴顿的作战理念，最突出的一点就是强调："进攻、进攻、再进攻，不惜任何代价，直至最终取得胜利。"他以此为依据指导作战实践，形成了个人独特的指挥艺术和战斗风格。

巴顿非常注重对士兵的严格训练、严格管理。他经常把士兵们拉到野外进行训练，他的训练方法和果断坚毅的作风，受到上上下下的一致赞赏。

为了活跃连队业余生活，巴顿特地设计了一个马球场，组织了一支足球队，亲自担任教练。骑兵连连长马歇尔上尉说，巴顿是一位"特别有希望的年轻军官，他能力非凡，前途远大"。

在谢利登堡期间，巴顿的个人生活也是情趣盎然的。

闲暇时间，巴顿常常外出郊游，带着猎犬上山打猎，还成为海兰公园的富人圈里家宴的座上客。

一些富家小姐也钦慕巴顿的风度举止，乐意陪伴他出入歌厅、剧院、各种晚会和舞会。

这样的生活虽然也曾给他带来了欢乐，但同时也使他产生了一种懊悔和犯罪的感觉，他太需要上进了，这样安乐的日子不是他想要过的，和平时代的生活往往这样让人乏味。

巴顿性情比较粗暴，但是他也尽量克制自己，很少责骂士兵。只有一次，他发现在马厩里一匹马没有拴，巴顿看看马厩那头的那个士兵，咆哮着让他跑步过来把马拴上。

这个士兵可能没听明白巴顿的话，他只是快走了两步，巴顿大骂了他几句，让他快步跑过来。

士兵跑步过来后，巴顿想到，这其实是对他的一种侮辱，后来巴顿又找到这个兵，向他道歉。

在谢利登堡，巴顿有一件事情让所有人都记住了他的名字。那是一个星期二的上午，他正在骑马，他座下的马忽然跳起来，差点把巴顿摔下来。

因为巴顿的帽子遮住了脸,他什么也看不见,只能用手和膝盖支着在马上站了起来,结果马跳得更厉害了,最后竟然用后腿站了起来,又重重地摔倒了。

本来巴顿一直坐在马上,它摔倒时,巴顿立刻把腿从马镫里抽了出来,它用前腿站起来时,巴顿是倾斜地坐在鞍上的,它站起来之后,头拼命地向后一甩,结果弄伤了巴顿的肩骨。

直到巴顿看到血流了下来,才知道自己受了伤,但他没在意,甚至擦都没擦一下脸,而是继续训练士兵几十分钟。

训练结束后,巴顿到办公室洗了洗脸上的血迹,然后准时为军士们授课,并参加了青年军官学习班学习。

下课后,巴顿才匆匆赶往医务室包扎伤口,当时的样子狼狈极了,但是在场的人都对巴顿的胆量和勇气赞不绝口。

包扎完就没什么事了,他想自己后来的表现是给沉着冷静下的最好的注脚,至少那天巴顿去医务室打消炎针的时候,那个医生就说他希望大家都能有巴顿这样的勇气。

巴顿自己也认为其他军人缺少这种勇气,也缺少冷静,冷静是个好东西,因为不冷静太容易流露出感情,是军人最不应该有的特征。

关于这个问题,巴顿专门进行过思考,他认为要正确地做好一件事,必须要不受私人感情的影响。因为你一旦考虑到他的悲哀,他的悔恨,就会陷入一种绝境,那样就没有正义可言了。

巴顿曾经关了一个士兵的禁闭,因为他没有执行命令。

巴顿不想这么做,但他必须这么做,他知道军纪的重要性,它会对整个军队产生重要影响。

如果说巴顿在西点军校的表现,他在足球场上的活跃的身姿,他的大刀阔斧的行动,他无可挑剔的着装,使他在他的同学中开始成为传奇人物,那么在谢利登堡,在这匹狂暴的马上发生的行为就使他在军人中成了传奇人物。

尽管已经流血,这位年轻的少尉仍然如同大理石一般坚毅,照常执行自己的任务,任何看到这一幕的人,都会被他深深地感染。

马歇尔上尉在6月为巴顿写了他参军以来的第一份评价报告。他对巴顿的责任感、敬业精神、训练组织管理士兵的能力都给予了高度评价。

在报告中马歇尔上尉说:他非常胜任自己的工作,应委以重任。战争期间,他将是最适合带兵打仗的军官。

职业之外最成功的选择

1910年6月,就在毕业后的第二年,巴顿与未婚妻比阿特莉丝在军营举行了隆重的婚礼,建立了温馨的小家庭。

巴顿成为马萨诸塞州一位纺织巨头的女婿了,这是一桩既门当户对又情投意合的婚姻,在以后的几十年中,时间将证明它是巴顿除了职业以外最成功的一项人生选择。

巴顿从小就恪守着家族的信条:"勇敢战斗!千万不能辱没家族的荣誉!"在巴顿的人生追求中,同样伴随着一支不同凡响的爱情协奏曲,帮助他走向成功的巅峰。

巴顿少年时代酷爱体育,饱读历史,他粗犷的性格、不凡的谈吐、俊美的脸形和充满阳刚之气的身体就如同一座雕塑,有一股令少女们心动的男子汉气概。凭着优越的家庭地位和良好的自身形象,不知有多少美丽的少女倾心巴顿,但他的择偶标准十分苛刻。

巴顿曾公开宣布:"我要找个能理解死的人!""我要的妻子,应该像战士一样不怕牺牲。"这一标准让姑娘们望而却步。

巴顿少年时代，经常和妹妹在姨妈安妮或者父母的陪同下，乘船到圣卡特林纳岛度假。这里风景如画，气候宜人，没有受到污染的原始森林散发出缕缕清香。蔚蓝的天空、浩瀚的海洋、迷人的自然景观给人一种心旷神怡、心胸开阔和飘飘欲仙的感觉。

这里有供游泳的浅滩、供划船的防波堤和供打猎的山地等。巴顿在这里游泳、划船、打猎、捕鱼，玩得痛快淋漓。

1902年夏天，巴顿一家又来到这个岛休息，同时来到这里度假的还有他们的好朋友拜林和艾尔两家人。

就在这时，巴顿结识了比他小两个月的比阿特莉丝小姐。

比阿特莉丝身材苗条，面庞清秀，像天上的云朵一样纯洁。巴顿经常和比阿特莉丝一起玩耍。谁也没想到，这次偶然的相识却发展为两人真诚爱情的开始。

3个家庭的8个孩子在一块尽情地玩耍。他们游泳、划船、演戏、跳舞，个个精神愉快、穿着时髦，玩得十分潇洒痛快。

虽然巴顿对姑娘还不怎么感兴趣，但小巧玲珑、谈吐不凡的比阿特莉丝一下子就迷住了他的心。而她也认为巴顿是个很特别的人，颇有男子汉的魅力。

一天午后，在"捉特务"的游戏中，巴顿只身跑进岛上的原始森林中，不慎跌进一口废弃的井中。

当时巴顿身上多处受伤，但他忍着伤痛，用随身带的猎刀在井壁上挖出脚磴，爬出了井，终于脱险走出了森林。

这次历险让巴顿因祸得福，他过人的意志赢得了比阿特莉丝的好感，两人从此陷入热恋。面对心爱的姑娘，巴顿豪情万丈地宣布："我一定会成为一名出色的将军！"其实，两人在很多方面都不尽相同。巴顿喜欢运动和展示力量，性格粗犷，而比阿特莉丝则是大家闺秀，喜欢高雅，感情细腻而浪漫。

巴顿当时虽然已经17岁，却还没有离开过加利福尼亚家乡，而比阿特莉丝则游历了欧洲，并在法国和瑞士的学校就读，能讲一口流利的法语。巴顿是个乐盲，而比阿特莉丝却能弹奏一手好钢琴。如果说他代表了野蛮的西部生活的话，那么她则是东部海滨文明的产物。

比阿特莉丝已年满16岁了，但还是一副孩子气，喜欢玩洋娃娃。在家中的沙龙里，她是一个活跃分子。由于自幼受到父母的宠爱，她养成了固执、骄傲和目空一切的个性，但她对巴顿却格外温柔。

两人分手后，都有意识地相互通信。比阿特莉丝送给他一个领带别针作为圣诞礼物。

巴顿写信表示感谢，说这是我最需要的东西，当我第一次戴上它，照照镜子看看它是否是笔直的，我情不自禁地举起了帽子。

比阿特莉丝看过信后，心里美滋滋的。

在西点军校就读期间，巴顿与比阿特莉丝的感情与日俱增，两人保持着频繁的书信往来。他曾经为比阿特莉丝的初次社交晚会送去了鲜花。

1905年3月，罗斯福宣誓就任总统，西点学员组队到华盛顿举行阅兵式。碰巧艾尔一家也到华盛顿参加庆祝活动。巴顿和比阿特莉丝在一起跳舞，度过了一个难忘的夜晚。

巴顿在给父亲的信中称这是他一生中度过的最美好的夜晚。

偶尔，比阿特莉丝还在周末专门从波士顿赶到西点与巴顿约会，一起去攀登悬崖、郊游和野餐。比阿特莉丝从巴顿那里，了解到不少有关西点军校的规章制度、军事知识和体育常识，而他则向她学习法语、文学，并请她帮助修改诗作。

巴顿上高年级后，两人的约会增多了。巴顿经常请比阿特莉丝跳舞、看球赛，她则经常写信鼓励他、支持他。假期，他总是和她及其家人一起度假。

不过两个人关系也一度出现了矛盾，因为比阿特莉丝的家人不喜欢军人，这也影响了比阿特莉丝的观点。

但是这对于巴顿来说，却是不可能的，他经过深思熟虑后，给比阿特莉丝写信说：这可能会让您吃惊，但别的职业真的不值得去做。巴顿不想赚大钱，成为一名成功的商人对巴顿一点吸引力也没有。

如果有意外发生，巴顿可能会离开部队，但巴顿不会为了另一项工作而离开部队，这对巴顿来说就像自杀一样。

巴顿的表白让比阿特莉丝认清了自己朋友的真实想法，并最终也认可了他立志从军的思想。

在交往过程中，巴顿也在试探比阿特莉丝对战争和死亡的看法。

亲爱的比阿特莉丝：他告诉自己的心上人，"我想最美好的死法是，让战争结束的最后一发子弹打在我的脑门上。"

比阿特莉丝则笑着回答："那么我希望战争永不结束。"巴顿欣喜地发现自己找到了真正的知音。

两人的友谊逐渐发展为爱情。

巴顿感到该是向她求爱的时候了，他告诉爸爸，他爱她，但又不敢向她求婚，因为她在各方面都比他的条件好。

比阿特莉丝是百万富翁的女儿，受过良好的教育，从小娇生惯养，被父母视为掌上明珠。而自己则是一个军人，军队的生活枯燥乏味、艰苦危险，对她很可能不适应。

归根结底，巴顿担心会破坏她的幸福。而且，比阿特莉丝的父亲已进入耄耋之年，她曾说过只要父母还健在，她就永远在家陪伴他们。

　　巴顿的父亲很清楚，比阿特莉丝一直在等待着巴顿鼓足勇气求爱，于是就鼓励儿子大胆向她求婚，但巴顿还是信心不足。巴顿有时想，如何请求她嫁给自己呢？自己一无所成，一无所有，没有出人头地的机会和可能性。要让这么可爱的姑娘去爱一个傻瓜，岂不是居心险恶吗？

　　巴顿常常扪心自问，感到无名的惆怅孤独。

　　但从内心深处，巴顿是多么迫切地需要她做他的终身伴侣啊！她能够真正地理解他，真心实意地爱他，没有任何虚情假意。

　　直至1908年圣诞节期间与艾尔一家一起度假时，巴顿才终于向她吐露真情，表示希望娶她，但要她不要马上答复。

　　显然，巴顿当时还是非常心虚的，他没有足够的信心，怕遭到拒绝。结果，比阿特莉丝接受了。后来，在巴顿给比阿特莉丝的信中说：是你鼓励了一个怯懦胆小的人，正是因为我热切地渴盼成功，以至于我一直都在担心失败。希望我们的爱永远和现在一样，永不消减，希望我们的理想和我们的爱一样幸运伟大。

　　1909年，巴顿从西点军校毕业，打算与比阿特莉丝结婚，然而未来的岳丈艾尔却不同意，他不愿女儿嫁给军人，担惊受怕。

　　于是这对爱侣向固执的老人发起了轮番轰炸：女儿向父亲撒娇、恳求，软磨硬泡，巴顿则向艾尔先生解释军队对他有多么的重要。

　　巴顿没有举出多少合乎逻辑的理由，但他说："对我来说，成为一个军人，就像呼吸那么自然而已，要我放弃做军人的一切想法，也会和停止呼吸一样的困难。"

　　坚冰被融化了，巴顿的一番肺腑之言终于打动了这位年已

90岁的老人。

不久，巴顿接到比阿特莉丝的一封信，信中说："如果你打算6月份娶我，那就请娶吧！如果你乐意，爸和妈希望我们6月份完婚。"

事情竟然来得这样快。巴顿风趣地对母亲说："这不是强迫吗？我接受她。她在绝大多数问题上都有很高的鉴赏力，但在选择丈夫问题上却是个例外。"

经过一番筹划，他们确定了结婚日期，巴顿也专门请了婚假，决定到欧洲蜜月旅行。

1910年5月，在一个繁花似锦、绿草如茵的艳阳天，巴顿与比阿特莉丝举行了盛大的婚礼。

巴顿的婚礼震动一时，波士顿所有的报纸都用了很大的篇幅细致地描述了这一盛况。婚礼在圣约翰主教教堂举行，新娘、新郎、伴娘、伴郎和随行招待人员都无可挑剔。

婚宴也是在最漂亮的地方以最奢华的形式举行的，而唯一的阴影，正如一家报纸所报道的是巴顿的母亲因病未能参加婚礼。

婚礼后不久，巴顿夫妇去欧洲度了蜜月，他们首先去了法国。每次想到法国，巴顿都有点激动，法兰西这个古老而浪漫的名词总是勾起他的怀古之情。

到法国度蜜月这个主意，从某种意义上讲是巴顿想出来的。

巴顿了解比阿特莉丝的喜好，所以他适时地向她表明自己也是多么喜欢充满历史人文风情的巴黎、马赛等散发出诱人气息的地方，于是他们来到了法国。

巴顿已不是第一次来法国了，在读西点军校的时候，他就利用假期到法国进行过实地考察。

巴顿始终认为，研究战争历史光是停留在书本上是得不到任何有益启示的，必须把历史事实与具体的人文、地理环境有机地联系起来。为此巴顿跑了许多地方。而他最感兴趣的，便是德、法、比三国交界的地方。这里是法德交战的重要之地。

拿破仑征服普鲁士，或是腓特烈三世觊觎法兰西，都要在这片地区绞尽脑汁。

野心勃勃的计划都从这里开始制订，而后向对方的国土延伸。

这里的每一座山峦、每一条河流、每一段天堑，都是军事家们心中最敏锐的触角。

这里也是欧洲最美丽的地方之一。绵延的群山覆盖着郁郁葱葱的森林，发源于山间的河流冲过道道天然的阻碍后流向狭小的平原。

在这些宜人的自然景观中，隐隐约约耸立着十六七世纪，甚至更早时期的城堡。

面对历史遗迹，巴顿不禁心潮澎湃。他总是有一种历史的沉重感，仿佛缅怀的不仅仅是逝去的英雄，而且还有他自己。

巴顿偕夫人来到一个又一个古战场，用平缓的语调如数家珍地讲过去的故事。

在这些战场上徘徊的时候，巴顿的话语经常充满感情，有时候自己也禁不住热泪盈眶。

比阿特莉丝始终对巴顿充满深深的理解和怜爱。她极富亲和力和包容性的细腻性格使巴顿感到温暖和安全，这一点是夫妇两人关系融洽非同一般的重要原因。

在回国前，巴顿他们还游览了风景如画的英国乡村，并在伦敦度过了一段美好的时光。

不久，巴顿假期已满，两人又乘船返回美国，重回军旅生活。

婚后，新娘子比阿特莉丝随巴顿来到军营，她放下大家闺秀的架子，在艰苦单调的军营内成为巴顿的贤内助。

比阿特莉丝帮助丈夫把粗鲁的言辞变得温和顺耳，提醒他如何待人接物，还帮助他克服自卑感。

比阿特莉丝献身于巴顿的军事事业，控制他的脾气，安慰他受伤的感情，培养他的外交手腕和敏锐眼光。

比阿特莉丝还带着巴顿出席上流人士的酒会，结交了不少军界高官，使巴顿在军界获得了很好的人脉。

可以说巴顿一生的成功，离不开他这个贤惠妻子的帮助，正是在她的全力支持下，巴顿才能不畏困难，开创自己事业的辉煌。

斗士特质深受器重

谢利登堡的生活毕竟还是过于安稳闲适，开始还可以，有些新鲜，时间一长，胸怀大志的巴顿开始不安分起来。

巴顿天天自怨自艾，抱怨自己生不逢时。没有战争，对于他来说，就是一种折磨，他感到寂寞难耐。

几经周折，巴顿终于在1911年12月调到了首都华盛顿附近弗吉尼亚州的迈尔堡，并且作为陆军参谋长伍德将军的随从副官。

迈尔堡是当时美国陆军参谋部所在地，军界要人云集在此。

巴顿真是喜不自胜，他感叹说：所有的大人物都住在这里，真是比其他任何地方都更接近上帝，理想远大的人应该设法迁居这里。

巴顿发现这里的人比谢利登堡的人工作都努力多了，总的说来，更有军事气息。很快，巴顿发现自己可以和当时美国军界许多大人物一起在大都会俱乐部吃饭，他感到这里是最最有趣的地方。

同时，这个骑兵团的巴顿少尉高大英俊，一双浅褐色的眼睛似乎显得有些傲慢和漠然，英挺的鼻子和瘦瘦的下巴时时都在向人们显示出这个年轻人的干练和朝气。

身世和财富使巴顿具有不同凡人的身份，他可以从容地穿梭于上流社会最豪华的宴会和娱乐场中。

巴顿逼人的英气、考究的服饰以及高档豪华的生活习惯使他在爱慕虚荣的人群中颇受欢迎。

而活泼的个性、机敏的头脑和卓越的才能又使巴顿得到了许多实干派人士的宠信，可以说年轻的巴顿有着锦绣一般灿烂的前程。

一天，华盛顿上流社会豪华的客厅里，钢琴家纤细的手指里流动着优雅的乐曲。人们举着酒杯，软声细语地互相交谈着。女士们华贵的衣裙，婀娜的身姿在大厅里摆动着。

忽然，门开了，走进来一对男女，他们真够靓的！

女的长得俊美异常，衣着美丽华贵，气质高雅，胸前的钻石项链闪闪发光。人们的目光纷纷投向门口，连聊天都暂停了。

男的身材魁梧、气宇轩昂。他身着做工考究的燕尾服、结着白领带、富有表情的蓝眼睛炯炯有神，他是那么俊逸不凡，英武中透着慑人之威，妇女们眼睛一下子亮了。

"他们是谁？"有人问。

"你今天刚到这个圈子里自然不知道，他们是艾尔的女儿女婿！"

"就是那位马萨诸塞州纺织巨头艾尔吗？"

"没错，他女儿叫比阿特莉丝，女婿叫乔治·史密斯·巴顿，可人们习惯叫他'艾尔的女婿'，他本人也出身豪门、军人世家。"

巴顿一踏进客厅，十分熟练的脱帽、挂衣，又十分熟悉的逐一打着招呼："哈啰，老伙计，身体咋样？"

"老伙计"亲热地跟他握手，伏在他耳朵边轻声地问：

"你那支珍珠柄手枪随身带了吗？"

"是象牙柄的！先生！只有下等人才带珍珠柄手枪！我从来枪不离身！"

巴顿的话，吓得他身边的一位妇女瑟瑟离去。巴顿哈哈大笑起来，声音十分洪亮。

"哎，乔治，朗诵一首你自己写的诗吧！"

"说老实话，我的诗不大高明，远不如我的散文或评论文章呢！"巴顿用他那"底气"很足的男高音回答说。

然后巴顿举起手里的白兰地酒杯同人家干杯，手上戴着两个大钻戒，一个金戒指，在柔和的灯光下闪耀着光芒。

"他具有骑士制度盛行的中古时代的个性，说他是古代武士更恰当！"一个人在背后议论说。

"这个人在和平时期是个不安分的捣蛋鬼，在战争中肯定是无价之宝！"另外一个人笑着小声评论。

其实这些话巴顿都听见了，因为他离这两个人很近，所以他转身面对议论他的人，向他敬了个军礼，郑重地说道："谢谢你！我本人把这看作是最高的评价、赞扬和奖赏。"

比阿特莉丝从女友那边走过来，她有点不放心，不知道丈夫一时会说出什么唐突的，甚至什么粗话来。她觉得只要她在巴顿身边，他会变得文雅些，感情也会控制得好些。

比阿特莉丝聪明大度、识大体、顾大局，同时也尊重丈夫的事业、兴趣、爱好，她欣赏丈夫的勇敢、好强、争胜的男子汉气魄。

在客厅各个不同角落的人，都在纷纷议论着巴顿。巴顿对此也早已习惯了，他沾沾自喜，这不正说明了自己的魅力么！

"他这么年轻，自由出入于上流社会的豪华客厅不足为奇，听说他还可以自由出入于军队高级将领指挥系统的密室,是吗?"

"没错!他的陆军参谋长随从副官一职帮助了他,使他结识了陆军部长史汀生。在迈尔堡他俩建立了友谊。"

别人的议论也符合事实,巴顿在迈尔堡,结识了许多军政要人,亨利·史汀生确实是其中之一,另外还有伦纳德·伍德等,他们都是这个新塔夫脱政府时期的陆军掌权人物。

奢侈的社会风气也蔓延到了军队里,活跃、激奋、冒险、虚荣是许多人爬上高位的秘诀。

陆军部长史汀生本人就有着这样的特质,所以他喜欢像巴顿这样思维活跃、充满朝气的年轻人。

史汀生选中了巴顿作为自己早晨骑马的伴侣,使巴顿得以有机会向这位上司谈自己对军队许多问题的看法。

巴顿给史汀生留下了极好的印象,这对于巴顿在军界的发展当然是极其有利的,到后来在第二次世界大战中,史汀生作为罗斯福总统的陆军部长,为巴顿提供了许多平步青云的机会。

陆军参谋长伦纳德·伍德显然也比较器重巴顿,他让巴顿做了自己的随从副官。伦纳德·伍德将军是一位军事改革家,深受陆军部长亨利·史汀生的器重与支持。

因此,作为伍德的随从副官,巴顿有缘接近这位部长,进入他的内圈,几乎立时跨进与世隔绝的最高指挥部的顶层。

巴顿善于抓住各种机会,大展口才,向他的朋友上司谈他的理想和见解。他的话很有针对性,让许多人耳目一新。

但在这些场合,巴顿的咄咄逼人和苛刻尖酸又让许多同僚厌烦,人们对他的评价总是褒贬不一。

陆军中另一位重要人物也对巴顿的发展起了很大的作用,

这就是潘兴将军,他是美国著名的将军,也是美军第一个五星上将。

潘兴看好巴顿绝非偶然,典型的职业军人潘兴是美国20世纪20年代成功军人的典范,他有相当高的个人军事素质,特别强调军人的勇武精神。潘兴对巴顿非常熟,潘兴有一个外号叫"恐怖的杰克",为什么叫"恐怖的杰克"呢?因为潘兴非常讲究军容风纪,潘兴不能允许他部下的皮鞋有一点灰尘的。

有一次也就是在对墨西哥的武装干涉中,当部队急行军到达目的地之后。大家都累得不行了,顾不得擦皮鞋就休息,当时潘兴看到了之后,非常生气,就批评值日军官,命令大家立即起来擦皮鞋。

当时潘兴一眼就瞄到了巴顿,他看到巴顿的皮鞋锃明瓦亮,潘兴说就照着他这样做,他怎么擦的,你们就怎么擦。

所以说潘兴对巴顿非常喜欢,那么巴顿也非常敬重自己的上司,他后来谈起潘兴也充满了敬意。

另外,在潘兴眼里,一个标准的军官一定是一个标准的斗士。而参加过奥林匹克运动会军事全能比赛的巴顿,无疑正具有他所要求的品质。

巴顿参加的是第五届奥林匹克运动会,那是1912年,当时巴顿初来乍到,还没有完全展开他的工作,就被告知将作为军队代表,参加当年夏天在瑞典斯德哥尔摩举行的第五届奥林匹克运动会。

当时巴顿需要参加的是五项全能比赛,这是一项崭新的赛事,包括25米远射击、300米游泳、500米骑术、5000米越野赛和击剑。

五项全能比赛是这届奥运会上新设的军事比赛,其目的是通过在古老技能方面的角逐，诞生出20世纪的骑士。

五项全能比赛要求现代的骑士不仅要有传统的勇武精神，而且能娴熟地、充分地利用手中的一切条件克服各种困难，越过各种障碍。

所以这种比赛对参赛人员的综合素质要求很高，要能骑马，能长距离奔跑，能使用各种武器对付突如其来的变化。

巴顿在这五项技能方面的成绩堪称美国一流，再加上他具有军人气概的轮廓分明的外形，让他作为美国军官最出色的代表，将会在全世界范围内为现代美国军官树立良好的形象。

5月10日，正式决定派他参赛，巴顿立刻着手训练。由于两年没有跑过步，3年没有游过泳，巴顿特别加大强度训练这两项。

6月4日，巴顿被告知乘船赴芬兰训练，20天后离开纽约赴瑞典，巴顿一家也随行前往。

直到7月5日，巴顿一直坚持训练，尤其注意跑步和游泳。在7月4日的一次射击练习中，他用200发子弹打了197环。后来他说："巴顿被告知这个成绩比记录还高1环。"

7月7日比赛开始，巴顿在斯德哥尔摩过得非常愉快，全家人都去了比赛现场观看巴顿比赛。巴顿最后的成绩是第五名。

回国后巴顿在报告中写道："巴顿游泳第六名，击剑第三名，骑术第三名，越野赛第三名，但射击第21名的成绩使巴顿总成绩下降了。"

不过巴顿的这个获得第五名过程给许多人留下了难以磨灭的印象。他游完300米时，是被人用船钩从游泳池里捞上来的，因为他根本就没有任何力气爬起来。跑完5000米越野赛全程后，巴顿因为精疲力竭而晕倒在终点前面的皇家观摩台下。

巴顿勇于超越自身极限，拼命夺取胜利的悲壮举动在美军中一时传为佳话。巴顿的斗士性格投合了潘兴将军的心意，对于他的一些明显的缺点，将军也是视而不见。

潘兴将军常常向周围的人介绍巴顿："我们军队需要匪徒，巴顿这小子就是！"宠爱之情溢于言表。

在潘兴身边工作的日子里，巴顿一次又一次地证明了自己的斗士特质，让将军很高兴。随之而来的，是令人目不暇接的提升，速度之快，在军中也极为罕见。

军衔晋升的快慢一方面反映了军官本人的才干，另一方面也反映了部队的体制及时局的变化，也就是外在的大环境的发展变化。

第一号剑术专家

参加奥林匹克运动比赛后,巴顿希望在击剑方面完善自己,他向当时在斯德哥尔摩遇到的每一位击剑手请教。

在回国途中,巴顿专门绕道去了法国,并前往索米尔骑兵学校,拜会了该校副校长、欧洲职业剑术冠军克莱里先生。

在索米尔骑兵学校,巴顿聆听了这位著名剑术大师的讲课,并当面求教剑术和授课方法等问题。

毫无疑问,巴顿的剑法得到了提高,但更有价值的是他吸取了欧洲刀剑类比赛职业冠军克莱里的教学方法。

回到美国后,巴顿受到英雄般的礼遇,应邀与陆军参谋长伍德将军和陆军部长史汀生将军共进晚餐,使巴顿感到莫大的荣幸。

此后,巴顿以极大的兴趣迷恋于马术和剑术。

巴顿尽可能地参加了华盛顿地区举行的各种马术运动会,其目的一是培养自己精湛的马术,但更重要的在于利用在公众场合露面的机会,提高自己的知名度。

巴顿曾毫不掩饰地对一位朋友说:"我所做的事情在您看来可能像儿童游戏,但是对我的事业却是一种最好的宣传。这样可以引起公众对我的注意,让大家去谈论我。引起别人的注意是许多人功成名就的开端。"

功夫不负有心人,巴顿首先以其对改进骑兵马刀的卓越见地在美国军界崭露头角。

美国骑兵使用的是弧形的弯刀,在战斗中只能用刀刃砍杀敌人,而法国骑兵使用直剑,可以在马上直刺敌人,充分体现了强烈的进攻意识。

相比之下,法国骑兵具有更高的效用,因为刺杀能够更快捷地贴近敌人,更有效地实施进攻行动。

巴顿将这一看法寄给了法国剑术大师克莱里,他说:"法国人使用的马刀远远胜过我们的,整个法国骑兵的刀法体系归结为一个词,就是进攻。"

巴顿将自己的研究成果整理成一篇学术论文,建议将美军现行的弯刀改为法国式的直剑。

最后,巴顿还将文章投寄给权威的军事学术杂志《陆海军杂志》,以期引起有关方面的注意和重视。

同时,巴顿在3月份给国防部行政长官的报告中,也介绍了克莱里的教学方法。

巴顿说:"这是一种和美国军队中的教授方法完全不同的一种更有效的教学方法。它把力量减小到最低程度,因而也更安全。我用军刀已经用了很久,因此我相信自己的观点是建立在认识的基础上而不是要创出什么不同的观点。"

巴顿认为法国人用刀尖比美国人用的频率高得多,整个法式击剑体系都建立在进攻上。

在教授时,教师几乎不教或是很少教马上击剑方式,但学生们在进攻时,要持续地运用剑尖,在训练时,大部分时间都花在这上面了。

当时有人争论说,美国是个善于使斧的国家,更习惯用刀。

但巴顿通过观察,认为法国士兵和美国人一样频繁地使用刀,而且他们对刀的使用是经过严格训练的,是比美国高明的。

新型法式军刀是直线形设计,刀有0.92米长,刀身的宽度为0.03米,刀刃非常长,是一种理想的刺伤性武器,能够完美地适用于刺杀。

巴顿论文的发表和报告的送上,立即引起美国军界的广泛关注。

陆军部长史汀生读到了这篇文章,决定采纳巴顿的建议,指令依照巴顿设计的样式生产两万把军刀,装备骑兵部队。

巴顿喜出望外。他奉命前往斯普林费尔德兵工厂监制验收。不久,美军骑兵部队官兵就广泛使用了闻名遐迩的巴顿剑。

巴顿对军刀的研究意犹未尽,他系统地整理了历史上各国使用的各种剑,专门评述了德意志人、哥萨克人、土耳其人和阿拉伯人使剑的优劣,连篇累牍地发表论文,可以说成了名副其实的剑术专家。

1913年夏,巴顿希望专门到法国索米尔骑兵学校研习剑术。由于他在这方面的造诣和声望,这一请求得到了上级的批准。

巴顿自费来到索米尔,在一个半月的时间里,巴顿与法国剑术大师克莱里交上了朋友,他们共同切磋技艺,讨论骑兵的训练方法和军刀使用的各种问题。

此行使巴顿的剑术理论和技艺进一步趋于精湛和完善。

除此之外,巴顿还有另外两个收获:

一是利用这次短期的学习机会,结交了一些法国骑兵朋友,在经常性的聚会和交谈中,巴顿不仅更深入地了解了拿破仑的军事思想，也学会了一口流利的法语。

二是开着汽车详细地察看了瑟堡至索米尔之间整个丛林密布的原野，这里曾是威廉一世1066年征服英国时调动军队的地方。

巴顿驱车行驶在崎岖不平的分水岭和乡间小路上，以一个职业军人的特有眼光，看到这片原野具有明显的军事意义。

后来，巴顿写了一份长篇报告，总结了这次勘察的结果。

巴顿指出，那些分水岭的道路，不管下多大雨，地面总是坚硬的，足以经得住军事辎重的运输。

1913年10月，巴顿奉派进入堪萨斯州赖利堡骑兵兵种学校学习，同时兼任剑术教官。

在校两年期间，巴顿系统地学习了全部骑兵专业课程，还完成了繁重的教学任务。

同时，为骑兵委员会起草了新式直剑的使用条例，编写了陆军赛跑记录。

巴顿被公认为美国陆军的第一号剑术专家，并第一个获得"剑术大师"的荣誉称号。

然而平静的生活，是巴顿所不能忍受的。

巴顿为战争而生，他天性好战，视战争为生命，但自从美西战争结束以后，美国一直处于和平时期，与周边国家相安无事，这使他心灰意冷，大有怀才不遇之感。

在赖利堡骑兵兵种学校学习期间，他有两次差一点尝到了战争的滋味，但都未能如愿。

第一次是1914年4月的美墨冲突，当时墨西哥爆发了资产阶级革命，美国政府以"保护美国公民权利和安全"为借口，调集10万军队企图进行武装干涉。

这个时期，巴顿迫切希望战争能够尽快打起来，并急不可耐地要求参战。

但是，事与愿违，由于美军遭到墨西哥军民的顽强抵抗和拉美各国的一致反对，加上胡尔塔亲美政权很快垮台，威尔逊政府被迫宣布撤军。

巴顿只好继续当剑术大师和骑兵学员。

第二次是1914年7月第一次世界大战爆发。

巴顿获悉这个消息后欣喜若狂，马上给法国朋友去信，请求他们帮他在法国军队中安排一个职务，然后申请离职一年到欧洲作战。

但是，原陆军参谋长、时任东部军区司令伍德将军坚决反对，说让巴顿这样的年轻人参战，只会在外国军队中浪费生命，巴顿又只好作罢。

出征墨西哥显身手

1915年6月,巴顿从赖利堡骑兵兵种学校毕业了。

经过这段时间的学习,巴顿获得了参加晋级考试的资格,各科成绩合格,教官们一致公认他是一个具有魄力和前程远大的军人。

但令巴顿不满的是,他又被分配到以前所在的团队。

这个团很快要开赴菲律宾执行任务,但巴顿不愿到那个平安无事的岛国去,于是请假到华盛顿去另谋出路。

但在华盛顿,只有大都市俱乐部的守门人认识他,这使他既伤心又愤愤不平:"没有其他人认识我。但将来总有一天我要让他们所有的人都认识我。"

经过多方努力,巴顿终于谋到了一项新的任职,被调往得克萨斯州布利斯堡的第八骑兵团。

巴顿之所以要调到这个偏僻的地区,是因为该地与墨西哥接壤,美墨之间的矛盾当时非常尖锐,很有可能演变为一场公开的冲突。巴顿希望自己能够尽快加入战争。

巴顿抵达布利斯堡后,发现无事可做,原来他所在的骑兵团还没有到位,而他却由于急于参战而提前到达了。

由于来得太早,巴顿发现无事可做,于是,就利用这段时间加紧准备晋级考试。

为了使考试能顺利通过,除了温习各门课程之外,巴顿设法利用各种关系。他曾主动帮晋级委员会主席驯养小马,以取得他的好感。

碰巧,原来的老上司现在已经是少校的马歇尔到布利斯堡访问,与晋级委员会的第二号人物住在一起。巴顿立即拜访了他们,结果,巴顿轻松过关,获得了晋升的资格。

骑兵团到位后,巴顿谒见了身材肥胖、和蔼可亲的团长。由于连队的上尉、中尉军官都空缺,就由他临时指挥一个连。

巴顿教士兵们如何正确地洗马和喂马,还教他们骑术和剑术。他高兴地看到,团队使用的军刀全是他设计的巴顿剑。

每天巴顿指挥连队训练的时候,他看着这些军人手持自己设计的军刀,雄赳赳,气昂昂,感到自己的功夫没有白费,十分感动,有时甚至眼眶里涌满了热泪。

巴顿似乎听到了远古祖先的号召,体验到了奋战沙场的荣耀。战场上,巴顿一马当先,率领手下的一个骑兵团,驰骋疆场,大有踏平一切的气势。

但更令巴顿兴奋不已的则是战斗的召唤。

不久,巴顿的连队接到转移命令,就和另外一个连队出发了。他们跋山涉水,经过几个礼拜的艰苦行军到达了他们的目的地。

这是位于高山密林中一个叫谢拉布兰卡的小镇,巴顿他们的任务是保护一个个孤零零的牧场,使其免遭墨西哥人的袭击。

更重要的是保卫从附近通过的南太平洋铁路主干线。为此,他们要定期到48公里以外的地方巡逻。

这是一个被世界快要遗忘了的角落。小镇上只有20户人家。

居民们都穿着带有马刺的长靴，手持武器。

小镇的一名法警是全镇最有势力的人物，长着一头白发，虽然笑容满面，实际上却是一个著名的枪手。

这个法警有7个兄弟，虽然衣衫不整，却非常富裕，拥有大片的不动产，他们还专门雇请了一名枪手。

巴顿结识了镇上的不少人，但对他们怎么也捉摸不透。镇上唯一的社交娱乐场所是一个小酒店，那里又脏又烂，整天酒气熏天，令外来人不敢驻足。

这里是一片未经开发的荒野，方圆几十公里的土地野草丛生，危机四伏。野生动物俯拾即是，尤以鹌鹑、野鸭和野兔为多。

在外出执行任务的过程中，喜欢打猎的巴顿经常能够轻松地打到猎物，给大家带回美味，他也因此获得了枪手的美名。

巴顿经常和战士们骑马在高山峻岭上奔驰，从一个哨所赶到另一个哨所，有时整天不得休息，还得随时提防墨西哥人的伏击。

巴顿非常喜欢这项工作，认为这里的生活很像当年外公在大西部度过的拓荒生活。但巴顿并不是来这里拓荒的，他正在焦急地等待着战斗。

感恩节前夕的一个傍晚，设在埃尔帕索的总部打来电报，说是当夜可能有200名墨西哥人袭击该镇。

巴顿手下虽然只有一百来人，但还是决心给敌人以迎头痛击。他立即制订了反击计划，命令士兵严阵以待。

巴顿本想体验一下战斗前夕的紧张气氛，但令他失望的是，他感觉到这并没有马球比赛那样兴奋和激动。

更令巴顿大失所望的是，战斗没有发生，一夜都平安无事。

第二天晚些时候，巴顿又接到命令去攻击格兰德河美国这一边的墨西哥人营地。

但是，这次巴顿又扑了一个空，他们骑马跑了100多公里，连墨西哥人的影子都没见到。

1916年3月9日，墨西哥起义军袭击了美国新墨西哥州的哥伦布城，杀死17名美国人。潘兴奉命出征，打击墨西哥，抓住义军首领。

巴顿可以说是应时代而出的一代军官，他通过小道消息，加上巴顿敏锐的洞察力，知道了美国将要派遣远征军的消息，但同时又得知，自己所在的团不在改编之列。

但是巴顿执意前往，他为了见到潘兴将军，坐在他办公室外的椅子上等了近40个小时，最终争取到了与潘兴将军面谈的机会。

巴顿请求他无论如何都要带上巴顿，将军的答复是，大家都想去，为什么要让你去而不让其他人去呢？

巴顿说："因为巴顿比其他任何人都更迫切上战场。"

可惜，巴顿这简单的理由，最终只得到了这样的一个回答，"好了，就这样吧"。

还好，将军待巴顿还不赖，巴顿又见了将军一面，并且再次提出请求，可结果还像上次那样。

可巴顿并不灰心，回到家里，就动手准备鞍具。

第二天早上5时，电话突然响起，巴顿刚拿起电话，就听见将军在电话那头问道："巴顿中尉，你需要多少时间准备？"

当巴顿告诉他一切准备就绪时，潘兴将军喊道："你真是难以置信，我任命你为我的副官。"

巴顿听到潘兴将军的话高兴得差点跳了起来，不过他也不知道将军为什么忽然同意了自己的请求。

直到三年之后，巴顿才知道，当时他之所以决定带上巴顿，是因为他自己就曾经做过和巴顿一样的事情。

参战机会的出现使得巴顿非常兴奋,巴顿则暗下决心,一定要证明自己的能力。

能够参加这次出征,巴顿感到很幸运,为了证明自身的价值,他什么活都干。

部队出发前,巴顿主要协助海恩斯少校翻译电文。行军途中,他又负责将军的伙食。

进入墨西哥以后,巴顿更是跑前跑后,无所不干。

巴顿跟随潘兴下部队检查工作,陪他骑马参加演习,整理公文,管理膳食、马匹、车辆、警卫、护卫部队以及办事人员等,此外还要与战地记者打交道。

不久,部队进入了墨西哥。这里的温差很大,白天炎热,黑夜严寒,雨和雪下个不停。

潘兴率领10000多人的远征军四处跋涉搜寻,结果连敌人的影子也看不到,追捕行动毫无进展,部队的战斗激情很快就低落了。

将军决定将部队转移到边境以南700多公里处的萨塔沃,当时,虽然巴顿知道,第十一骑兵团、第十三骑兵团的一个连及第十骑兵团的部分人马都在那个方向,但却得不到任何回信。

巴顿他们此次行动就是要与他们靠近,并通过飞机与他们取得联系。这些飞机将在第二天一早与他们会合。

巴顿他们加到一起总共15个人,9支步枪,坐着3辆敞篷的汽车,在地图上根本找不到的山区与沙漠里跋涉,全程能有90公里,路又极其难行。

巴顿坐在第一辆车里领路,夜越来越深,黑暗中巴顿所乘坐的那辆车的前灯的灯光突然落到一个全副武装的墨西哥人身上。他正好挡住了巴顿他们的去路。

同时,在两边的灌木丛中隐隐可以看到埋伏在那里的士兵,巴顿他们的车马上停了下来。

同时，按照先前的命令，将军乘坐的第二辆车开到了巴顿的右侧，第三辆车又开到了第二辆车的后侧，这样就像三明治一样，将军的车被夹到了中间。

这时，8名士兵不约而同地从树丛中一跃而出，站到了各自的位置上，摆好了进攻的架势。

巴顿不知道来者是敌是友，心中不禁怦怦直跳，但他还是跑上前去，用结结巴巴的西班牙语与他们交涉。

巴顿自称是一个汽车团的先头部队，企图蒙骗他们，结果这些人根本不在乎他们。

巴顿正想继续蒙骗他们，将军出现在巴顿旁边，告诉对方自己是潘兴将军，并向他们质问，他们哪里来的胆量，敢拦他的车。

将军具有威慑力的存在和他对危险浑然不屑的态度完全把这些墨西哥人给镇住了，他们自动放行了。

巴顿他们又继续赶路，就巴顿个人来说，直至1000米外，他那似乎有颗子弹穿膛而过的感觉才停止。

两小时后，3辆运载飞机备件与汽油的护卫卡车遭到了同一伙墨西哥人的袭击，这件事使巴顿想起了恺撒曾经说过的一句话：命运只偏爱有胆量的人。

巴顿在墨西哥的辉煌日子是5月发生的一次遭遇战。

5月14日星期天，巴顿奉将军之命向附近农民收买玉米送往司令部。他带着10名士兵、两个侦察兵、两个司机，一行共15人分乘3辆卡车在当地凯奥特和萨尔希图两个村子买到了粮食。

巴顿他们本来可以直接返回营地，但巴顿却想乘机寻找作战的机会，他命令向一个叫萨尔蒂约牧场的地方开去，他认为那里是一个墨西哥义军聚集的地方，说不定他能有所收获。

车子靠近牧场了，巴顿命令加速前进，迅速越过一座房子，来个急刹车。

然后巴顿和两个人顺着房子的北墙穿过去。其他两辆车在房子的前面停下来，车上各跳下3个人快步穿过南墙。他们9个人迅速封锁大门，搜查房子，其他6个人则封锁了道路。

然后巴顿来到了这所房子里，一个老人接待了他。这个老人卖了一些玉米给巴顿，巴顿发现这个老人有些心神不定，举止不安，他马上感到这里可能有墨西哥义军。

巴顿立即带人将卡德纳斯家包围起来，突然，3个骑马的武装人员出现了。

他们发现巴顿后，立即掉头向南面奔去，守在南面的几名美军士兵当即向他们开枪射击。

这些人只好折向巴顿这一面，并向他开火。巴顿拔出手枪一连打了5发子弹，结果一个骑马的人当场毙命。另外两个也相继被打死。

经过辨认，巴顿发现死者中有一个是墨西哥叛军的首领。他们把他的尸体放在车钩上，巴顿把他使用的镀银的马鞍和崭新的剑放到车里。

这时，不知从什么地方又出来40多个骑马人，他们向巴顿一行发起猛烈的攻击。

巴顿命令部下一边快速行驶，一边向敌人还击，总算没有受到多大阻碍，安全抵达目的地。这是一次了不起的胜利，潘兴允许他保留战利品，以作为纪念。

很快，巴顿给家人写信，描述了自己参加战斗的感受。他说：一直以为自己会害怕在交战中，可自己非但没害怕，连一点儿激动的情绪都没有。

巴顿感到非常幸运,自己既能参战,又能毫发无损。

他在给自己妻子和姨妈的信中说:当时3个敌人在10多米之外向自己开枪,自己非常纳闷他们怎么能打不中自己呢?那枪口似乎正对着自己。

很快,巴顿的事迹被写成文章,配上他的照片刊登在全国各大报纸上,巴顿成了美利坚民族的英雄。《纽约时报》以大幅标题作了详尽的报道。

但更为重要的则是,潘兴将军在电文和正式报告中对巴顿进行了表彰。巴顿神话第一次在全国传开了。

这次遭遇战规模虽然不大,却具有某种特殊意义。它是美军战史上第一次小分队乘汽车作战。

这种战法即是后来众所周知的摩托化作战的雏形,它预示着巴顿以后在这方面将大展宏图。

这次战斗也是巴顿从军以来的首次参战,这一胜利证明巴顿的勇气和能力,大大加强了他的自信心。

而且,这次战斗还是潘兴远征取得的主要战果之一,巴顿给潘兴争了光,受到这位将军的重视。

不久,根据威尔逊总统的命令,潘兴将部队撤至距边境240公里的地区内。

边疆荒原的生活十分枯燥乏味,官兵们的思乡情绪极为强烈。为了充实部队生活,潘兴组织了一系列体育比赛和文化活动,包括马术、射击、拳击、田径等项目。

另外,巴顿还组织检查组对所有的人员、马匹和装备进行全面的检查。巴顿参加了这一工作,并具体负责战术演习和模拟战斗训练。

随潘兴将军远征墨西哥使巴顿获益匪浅,他不仅由少尉晋升为中尉,还由于参加战斗而闻名全国。

但巴顿认为,自己的最大收益是认识了潘兴这个伟大的军人。

一方面,巴顿通过观看潘兴组织和指挥演习,了解了机动作战的价值,认识到以骑兵迂回敌侧翼击败步兵是比较有效的战法。

另一方面,巴顿认为潘兴不仅仅是个朋友,而更主要的他是一名优秀的职业军官。

潘兴眼光敏锐,明察秋毫,在战场上指挥若定,沉着冷静,对纪律和忠诚有严格的要求,并身体力行,这些都影响了巴顿。

甚至潘兴将军的言谈举止、生活习惯都给巴顿留下了深刻的印象。

总之,巴顿认为,潘兴的方方面面都值得自己思考和模仿,自己在墨西哥学习到的,比以前服役期间学习到的总和还要多。

1917年2月初,远征军撤回国内,在埃尔帕索休整。一切又恢复到了以前的老样子,这使刚刚尝到打仗滋味的巴顿感到百无聊赖。

巴顿曾向妻子坦率地承认,如果他确认在军队中永无出人头地之日,那么他会辞去军职,陪家人度过愉快的生活。

巴顿对当时的工作很不满意,整天,没太多事儿可做,他感觉整个人都懈怠了。

不久,美国对德宣战,参加了大洋彼岸的战争。巴顿又要踏上了新的征途,离开军队的一时冲动已经荡然无存了,他热切地盼望着军队的开拔。

上帝垂青的军事指挥家

巴顿从军以后破格的迅速提升,一方面是他的卓越才干所致,另一方面也说明了时局的变化。

这时的军队已不仅仅是年轻人所幻想的战争的摆设了,美国兵要到欧洲大陆同德国佬打仗了。

欧洲早在1914年就已成了战场。

英国人、法国人、俄国人、德国人等,早已各自结成了对立的两派,分西、东、南三条战线拼对厮杀。

美国因为与欧洲隔洋相望,独立的地理位置使它能够不理睬欧陆的风云变幻而继续沐浴在和平的阳光里。

但这场战争不仅仅是简单的强与弱的征服与被征服、复仇与扼杀,战争爆发的因素牵涉面很广。

战争的结果,将决定着参战各国未来在世界上的地位和命运,包括政治上的影响力、对殖民地和海外市场的支配权、经济上的诸种利益等。

从某种意义上讲,第一次世界大战是普法战争的继续。普法战争中,法国大败,法皇被俘。

屈辱的《法兰克福和约》使法国被迫割去了阿尔萨斯和洛林两个重要的煤钢产地，赔款50亿法郎。

而德国却因此次战争完成了国家统一，国力逐渐超过了法国。

而且为了一劳永逸地消除这个南部威胁，德国想尽了各种办法削弱法国。

而法国当然也不愿遭到再次失败，所以不断加强军事建设。

欧洲的国际政治关系愈加复杂，其结果便是分别以德、法为中心，形成了两大军事集团，军备竞赛日趋激烈，地区冲突不断升级，大战随时都有可能发生。

美国作为新兴的西方强国，无论如何也不可能永远坐山观虎斗，它是在等待着合适的时机，让欧洲列强在战争两败俱伤，然后出来收拾残局。

当时美国才刚刚独立100多年，浑身上下充满了活力。辽阔的国土，丰富的自然资源，充溢着自由和冒险精神的社会氛围，吸引着成千上万来自世界各地的移民。

美利坚合众国就像一个迎着朝阳迈进的青年人，很快就把它的欧洲老古板对手甩在了后面。

早在"一战"前10年，美国的社会生产力就已经稳稳排在世界第一的位置了。

与此形成鲜明对比的是西欧大陆，自1618年的30年战争开始，西欧一直是近代国际关系大舞台的中心。

这个热闹的政治经济中心地区一度操纵着全球的命运，然而它的发展却随着20世纪的来临变得越来越缓慢。

西欧大国忙于军备竞赛和争夺海外殖民地，发展的势头严重受阻。

英、法已分别退居世界第三、第四位，只有不断强大的德国上升到了第二位。

不断激化的矛盾终于在巴尔干这个素有欧洲火药桶之称的地方达到了巅峰。

1914年6月28日，塞尔维亚民族主义分子在萨拉热窝刺死了奥国皇储斐迪南夫妇，战争立即爆发了。

参战各国的政府首脑和军事统帅都预计这是一场速决战，只要通过几次大的军事行动就可以迫使敌方就范，迅速地结束战争，达到预定目标。

但残酷的现实是，这一场真正意义上的世界大战，把欧洲变成了一个名副其实的屠宰场。

从1914年9月的马恩河战役，到1915年至1916年的凡尔登战役、日德兰海战，以英、俄、法为一方的协约国以及以德、意、奥为另一方的同盟国，都为战争付出了沉重的代价，而战略目标依旧寥若晨星。

这场大战变成了拉锯战，交战的双方被困在堑壕和铁丝网之间，成千上万的生命被白白地葬送掉。

1917年俄国爆发了革命，由英、法、俄组成的协约国危在旦夕。美国在大战期间一直是协约国的军火供应商，一旦俄国退出，美国将蒙受巨大的损失。

在欧洲各列强都被打得奄奄一息的时候，美国参战的最好时机来临了。在这个时候美国参战，可以说决定了这次战争的胜负，从而也能够顺理成章分得战后的巨大利益。

巴顿有着强烈的民族自豪感，他为自己是一个美国人而骄傲，他甚至认为美国的民主制度以及美国人的生活方式是世界上最完美的模式。

巴顿心中一直认为自己的一生是不会平淡无奇的，他想象中的完美自我，就是在遇到各种重大危机时能勇敢坚强。

巴顿的职业是军人，因此他渴望在战火硝烟中成为一个真正无畏的人，一个智慧的人。

巴顿也许可以倚仗自己的头脑，加上自己的不懈努力成为一个出色的律师，一个颇具影响的史学家，但是，绝对不是最好的律师或最好的史学家，甚至可能什么也不是。

但是，巴顿绝对是一个最优秀的军事指挥家，他的才能只有在战场上才能充分发挥出来。

上帝垂青于他，让他在生命中的黄金时段里，有机会参加了世界大战。

热情接受新的任命

美国宣布参战后,潘兴受命组建一个步兵师,率该师作为美国首批参战部队赴法国协同英法联军作战。他为组建师参谋部物色了一批军官,其中包括巴顿。

几天后,潘兴又被任命为美国远征军司令,他电告巴顿迅速赶到华盛顿报到。

潘兴和巴顿一行乘船前往欧洲,巴顿满怀希望与热情来到了法国。

到了法国,潘兴将军忙得很,巴顿只在一次进餐时见到了他,偶尔,巴顿也可以跟随他去检阅。

巴顿自己也有火一样的心,他渴望自己能在前线指挥杀敌,但是他很快发现现实与理想相差甚远。

那些高级指挥官们一天到晚都忙于研究战局,着手制订美军的一系列军事计划,却迟迟不见行动。

要知道,这是美国第一次派兵到欧陆作战,从后勤供应到前线指挥,一切都需要从头干起。

在总司令庞大的指挥所里,巴顿作为低级副官没什么大事可做,一天到晚都是跟在别人的屁股后面跑。

潘兴将军似乎同他也没有了以前的那种亲密关系,非常随便的玩笑没有了,谁也没有时间和精力去理会他远大的抱负。

但是,巴顿可不是一个习惯于无所事事、受人冷落的人,他思来想去,决定去找潘兴将军讨个差事。

"将军!"巴顿好不容易找到了百事缠身的潘兴,恭恭敬敬地敬了一个极其漂亮的军礼,然后说:"我有一个小小的请求,希望能够得到您的答应。"

"讲吧!我亲爱的巴顿少校。"潘兴语调极其平淡地说。

巴顿注意到了潘兴对他的称呼不是平时亲切的"小子",这让他有些扫兴,不过他相信将军是能够帮助他的。

巴顿调整了自己的情绪,竭力平静地说:"我想到战斗岗位上去。这里现在看来并不十分适合我。您知道,将军,我是一名战士,我应该到前线去杀那些德国佬!法国人总是很笨,他们上了前线还在做香槟美梦。"

潘兴笑了笑说:"年轻人,你的想法不错。我这里有个新的任务,你或许会喜欢的。"

潘兴说的新的任务,是指正在酝酿组建的美国第一支坦克部队,潘兴说:"你看,法国人、英国人都在搞这玩意儿,我们美国人也应该试一试。你可以去干这事,如果不感兴趣,可以去带步兵营。"

坦克在1917年已不是新名词了,最初源自一位名叫欧内斯特·斯文顿的英国上校,他是战地随军记者,当时突发奇想才出现了这种新式武器。

当时这个英国记者建议制造一种能够自行推进的车辆,它能够跨越战壕,又有装甲,还配有火炮或机枪等进攻性武器,能够自行推进，寓攻于防，攻防兼容，既不怕机枪的袭击，又能进攻敌人阵地。

当时的海军大臣温斯顿·丘吉尔对这一想法很感兴趣，因为当时欧洲战局处于僵持阶段。

在12公里长的战线上，双方分别投入了20多个师，进行拉锯战，一时很难分出胜负，各国都在想新的办法。

对双方来说，在西线上的首要的战术问题就是怎样突破战壕。要达到目的，军队需要跨过死亡区。

在敌人机关枪和大炮齐射的枪林弹雨中，士兵们必须切断死亡区中带刺的铁丝网，然后冲进战壕中与全副武装的敌军展开面对面的肉搏战。

明智一些的方法，就是利用连绵不断的炮轰打烂铁丝网、破坏敌方枪械，压得敌人抬不起头来。

然后，让自己的士兵跳起来一哄而过。

但是，这些是理想的说法，敌人也不会只在那里等着挨打，他们会利用各种方法，保持自己的力量。并且使那些攻击的士兵相对地处于暴露的一方，遭受损失。而且敌人还会有增援力量，所以这种攻击的代价是昂贵的。

当然，不想这样硬碰硬地进行阵地战，那就得进行偷袭。

但这并不是想象中那样容易，因为敌方的防御上都有警报器，这样很容易就会暴露目标。

而且偷袭一般是不可能用很多人的，一旦被敌人发现，后果将是非常严重。

利用毒气和化学武器，可能会使突袭成功，但也同样存在弊端。因为自己的军队也不可能直接暴露在毒气中，可是要戴上面具的话，那是非常影响打仗的。

另一个解决这战壕的方法，就是利用这种想象中的坦克。从某种程度上说，坦克就是为这样的战争而专门设计想象出来的。

坦克具有攻防合一的特性，可以在相对安全地穿过死亡区，破坏敌人的设施。

丘吉尔立即组织了一个委员会专门进行试验。他们根据斯温顿上校的建议将一种拖拉机改装成战车，在英国的水柜工厂里进行生产。

为了保密，研制人员将其称为水箱，水箱的英文读音即坦克。这个因为应付僵持局面而产生的别出心裁的空想，竟然变成了现实。

坦克问世之后，人们对它的作用还不了解，更不会想到它会成为未来战场上的新秀。

当时人们把坦克投入战场，只是用于攻坚，没有完全发挥其防护、机动和火力三结合的威力。

但即使这样，坦克的威力也是有目共睹的。1916年9月15日，坦克第一次出现在索姆河战役，就初战告捷。

索姆河战役是第一次世界大战英军和德军在法国境内实施的重大战役行动。在这次战役行动的时候，英军第一次将坦克送上了战场。

在没有枪炮响声的情况下，英军300多辆坦克在康布雷附近的前线上伸展开近10公里，并分派5个步兵团突袭被德国人称为"重围之地"的海登勃格防线。

到了中午，坦克军就已经突破了防范森严的敌军战壕，并且深入敌阵约6公里。

他们粉碎了把持此处的两部分敌军，抓获4000名战俘，缴获100多支枪，而英军只有400人伤亡。

这次大获全胜，与其他进攻相比节省了许多兵力，在更短的时间中取得更多的土地，这样也使西线的战势得到了稳定。

尽管英军没有利用首次突袭的成功，也没有采用这一新趋势的优点，但是康布雷战役标志着坦克战术在战争中的首次成功应用。

没有枪炮袭击而只是坦克团的突袭表明了战场上又恢复了活力，死亡区可以被跨越，敌人也被摧毁。康布雷战役的最快效应和不朽的价值在于它证明了坦克的价值。

这个战果在没有坦克作战时候的战役和战斗中，英军要付出10多倍的伤亡，才能取得这个战果。

首战告捷以后，坦克名声大震，各国纷纷仿效。

首先是德国军械局立即组织专人，对这种新式武器进行研究，样品很快就出来了。

法国依靠英国的帮助，也很快制造出了诸如圣·瑟蒙德型和施奈德型的各式坦克。

美国陆军对这项新式武器的赏识是迟钝的。直至1917年秋，美国陆军好不容易才决定采用这种新式武器时，英国和法国已经有了几千辆坦克了。

这时美国只有两辆称得上是自己的坦克，这是华盛顿的军械署依照法国的设计图样定制的。它的外形粗陋而笨拙，结构简单而幼稚，而且其中一辆竟采用蒸汽机来发动。

对于这样一种新式武器，巴顿对潘兴将军提出的问题没有立即作出回答，他希望回去考虑一下。说是考虑，其实巴顿当时是非常为难。

因为巴顿不愿当步兵，他觉得步兵不过瘾，他认为如果自己进了步兵团的话，也许就是千百大军中的一员，也可能是一场大战后的残留者，然后在潮湿的坑沟里像老鼠般地度过余生。

巴顿最想去当的是骑兵。他家里养了一群马，有马厩，他善于打马球，他的马术非常好。

因为巴顿西部牛仔的风格很浓，他用他的马鞭一捅他那个帽子，就这么一个动作，就叫巴顿演绎成后来美国的军礼。非常随意，但表示了美国人的那种个性，成为美军标准军礼。

巴顿特别喜欢到骑兵部队，可是潘兴恰恰就没有让他到骑兵部队，他知道潘兴是说一不二的那种人，说过的话是不能更改的。步兵不愿意当，那么坦克可是当时美军就那么两辆，组建什么坦克部队？

巴顿见过坦克，而且也非常感兴趣，虽说没有真正接触过，但是出于对战争和兵器发展史的深刻理解，巴顿初步认识到，坦克部队是一个具有巨大发展前途和作用的新兵种。

甚至巴顿还对坦克进行过一番考察，而且还写了一份很长的报告来对坦克进行解释，希望引起军方的注意。因为当时除了巴顿以外，美国军界没有几个人了解关于坦克的知识。

同时巴顿还对自己的情况进行了分析，他认为自己是最合适的坦克军官人选。

另外，巴顿还能讲一口流利的法语，与法国人相处得十分融洽，可以与法国人商讨坦克使用条例，他认为自己是乘汽车进行进攻作战的唯一的美国军官等。

总之，巴顿认为自己能完全适应这一新兵种，一定会在实战中取得出色的成绩，虽然巴顿这样想，但是他并没有充分做好组建坦克部队的思想准备。

不过当时巴顿的思想还有些矛盾，由于当时坦克是新式武器，存在很大的争议。

巴顿想如果自己组建失败，证明坦克是无用的东西，那么不管战争给自己提供多少良机，也会影响自己发展的。他拿不定主意，步兵不愿意当，坦克又是这么一个情况。

在左右为难的情况下，巴顿想起了一个人，这个人就是他的岳父艾尔。

艾尔是美国的社会名流，马萨诸塞州一个著名的纺织巨头，巴顿非常信赖他的岳父。所以他把自己的想法写信告诉了岳父。

艾尔的回信非常及时，他回信有这么几段话，他说："我是一个爱好和平的人，对于战争一无所知，这里我对你的建议是，应该选择那些你认为对敌人打击最沉重，对自己伤亡最小的武器。"

看完了岳父的信之后，巴顿就决定进入坦克部队了。他相信坦克会给巴顿带来难得的机遇，并可以改变自己的命运。

巴顿有时甚至认为自己会成为两三个最高指挥中的一个，因为巴顿自信有胜任的资本，那就是丰富的想象力、勇气和关于机械方面的知识。

这时的巴顿开始坚信，坦克军会比空军更重要，而且地面作战的士兵会受益不少。

同时，在坦克军里，一个人除了在空闲时间里安全、舒适地度过，其余便都是在攻击中。

在坦克军中出色的人永远不会被埋没，而在步兵团中，两次英勇也会被认为是无功可言。

从危险程度上来看，坦克军要比步兵团安全。因为即使在危险的情况下，坦克也可以以静制动，不像步兵在战壕里遭受损伤。

巴顿立即就找潘兴，他说："长官，我决定去组建坦克部队，我怀着一种特别的热情接受您的任命。因为我相信我能用轻型坦克给敌人最大的杀伤，而减少自己的伤亡。"

创建美国第一个坦克旅

1917年11月9号,巴顿接受了正式命令,任务是在马恩河上游的朗格勒附近建立一所坦克训练中心,并以此为基础组建一个坦克营。

巴顿想,如果自己顺利的话,还可能指挥坦克团或坦克旅,并获得晋升高职的机会。

当天,巴顿彻夜难眠,思绪万千。一方面,他感到责任重大,生怕有负众望。

另一方面,巴顿知道,自己的命运从此要与坦克联系在一起了,但坦克的效能确实尚未得到验证,所以他的前程也充满风险和许多未定的因素。

如果成功了,坦克将会使他走上通向高级职务的道路。万一遭到失败,他将会被历史所遗忘,甚至身败名裂。

但巴顿努力使自己坚信:如果在战争上加以正确使用的话,坦克一定会具有地狱般的魔力。

当时巴顿一遍又一遍地警告自己:只许成功,不许失败。

巴顿必须从零开始,白手起家。在英国和法国已经能够集中大量坦克参加作战时，美国却只有两辆样品。

巴顿不知道将来会把这一堆铁家伙用到什么地方，但是他很小心，不向上司询问一些可能让人怀疑他的工作热情的问题。

巴顿力求抛开那些不如意的初步印象，全力以赴地投入工作。一旦下定决心，他的热情马上高涨起来。他相信，在坦克部队组建起来以后，他们能够不断地自我发展。

在困难中发现的希望，更能够激起人们战胜困难的干劲。巴顿迎着重重困难，为各种具体事宜操劳，他决定首先让自己合格。

为了真正提高自己坦克方面的知识，巴顿曾经先后去了英国和法国的坦克学校学习，在此期间认认真真地研究了英法两国已有的坦克实战经验。

在巴黎，巴顿受到了法国人的接待，法军的格莱德将军把巴顿派到了查姆利尤。

查姆利尤是一所新设置的法国坦克兵军官培训学校，巴顿在那里看到了一些坦克，很不错。他们还给了巴顿一间漂亮的房间和一名勤务兵。

在那儿的第一周，巴顿驾驶坦克，在坦克上射击，研究战术策略，参观维修店，逛坦克公园，并且进行了长时间的讨论去获知在袭击中怎样最出色地操纵坦克。

很快，巴顿就能驾驶着坦克穿越壕沟了，他感觉坦克操作起来很简单，尤其是对于会开车的人，而且也十分舒适。

在给自己妻子的信中，巴顿写道：若量到小塔车顶，它就比一个人稍高一些，就像旅游车那么长，司机坐在前部，发射子弹的人站在小塔车上。

坦克的声响很大。它跑得像人那样快。它可以像照明灯那样转动，也可以直立或倒立。

同时，巴顿发现了当时坦克的唯一缺点，就是从坦克里面向外看很困难，司机只能从三个裂缝看出去，在小塔车上的人的视线也好不了多少。

不过巴顿却觉得撞击小树然后看着它们倒下的感觉很有趣，他也喜欢在坦克动或不动时站在小塔车上开枪。

巴顿对在法国学习坦克的情况非常满意。晚上，他就检查这机器的工作情况，并且问了许多问题，使得他的教官只好派专业的技术人员给他回答和讲解。

有时，巴顿还能接触到法国坦克兵总司令，他们曾经一起吃饭，在席间一起谈论坦克兵。总之在英法两个国家的学习，让巴顿的坦克知识增加很快。

不过，巴顿觉得还不够，又买来了一大堆书，凡是他感觉与坦克有点关系的，他都搜集到了。

巴顿仔仔细细地阅读了西欧近代战争史，试图从中找出坦克在武器技术发展史上的正确位置。

这段时间，巴顿的的确确是个大忙人，他也愿意显出一副忙得不可开交的样子，这多少有些夸张，但他自我感觉很好。

这些学习与实践是非常有益的，巴顿的努力使他看到了新的坦克部队的发展之路。

巴顿认为集中使用的坦克群最有突击力，对坦克集群得当的指挥能够快速推进，一个防御点上的突破会很快发展成为一个防御正面的突破，而且坦克部队可以用最小的伤亡获得最大的胜利。

但要想有强大的突击力就必须抛弃那些设计笨重、速度迟缓、火力不强的坦克类型。

巴顿评价法国的坦克时尖刻地说："英勇的法国士兵在他们自己造的坦克里备受煎熬，而打死的德国人却寥寥无几。"从这里也可以看出曾作为骑兵军官的巴顿深受骑兵战术的影响。

经过一番努力，1917年12月15日，巴顿和其他几名工作人员起程前往朗格勒，开始了训练基地的筹建工作。

在坦克和受训人员到达之前，巴顿又走访了英国博文顿坦克学校和法国夏普勤坦克学校。

不久，第一批参训人员来到训练基地，巴顿首先对他们进行作风纪律训练。

巴顿认为，一支无坚不摧的钢铁部队，必须具有铁的纪律。在训练中，他异常看重官兵的纪律观念，注重培养他们的军容风纪和礼节礼貌。

巴顿要求自己的部属着装整洁、军姿优美、严守纪律、不折不扣地执行命令，要有一往无前的突击进攻精神。

巴顿当时对自己的部下表示："我将表现出比现在更为严厉的面孔，这将是我真正的面孔。"

巴顿对训练一丝不苟，要求严格，纪律严明。他在远征军队伍中以"最残酷的军纪森严的教官"而名扬四方。

一天巴顿去视察厨房，看到厨师没有穿军靴，宣布罚20美元。

"我是厨子"，厨师嬉笑着说。

"以后凡是军容不整的都要罚款！"巴顿严肃地当众宣布道，厨师的笑容消失了。

一天巴顿去视察医院，看到大夫没有戴钢盔，问道："大夫，您的头盔呢？"

"我从来不戴头盔，将军！戴了没法戴听诊器！"

"那就打两个眼儿！"巴顿固执地说。

"听说你们这儿有两个士兵是通过自伤进来的？"

"是的，将军，其中一个在发烧。"

"把他们赶出去！他死了我也不管，我们这里不能收容胆小鬼！"

巴顿就是这样，严厉得近乎无情，近乎残酷。但是经他教育、训练出来的战士一个个技术都非常好、能打仗，而且人人军容整洁，动作矫健。

鉴于美国兵工厂不能提供急需的坦克，潘兴就向法国军方求助。法国人很希望美国坦克部队能尽快投入战斗，于是很快就送来了坦克。

1918年3月下旬，法国捐助的22辆坦克终于运到。

这天晚上22时，劳累了一天的巴顿刚刚躺下，传令兵乔·安吉洛军士急匆匆地闯进卧室。

安吉洛报告说："少校，法军支援的坦克刚刚运到，需要您到铁路支线那儿去。"

因为所有人员中，只有一个人会驾驶坦克，那就是巴顿，他当时是美国军队中唯一值得自豪的坦克手。所以，卸坦克的任务就全交给巴顿了。

天亮之前，巴顿把这些庞然大物一辆一辆地开到了驻地库房，兴奋和劳累把他弄得疲惫不堪。

巴顿开始以全部热情和全副精力投入训练工作。

首先，巴顿制订了详细的训练计划，亲自授课，向学员讲解坦克的构造、性能以及驾驶、修理技术，并组织了第一次步兵和坦克兵联合作战的军事战术演习。

别人不会，巴顿只有手把手地教。刚刚问世的坦克，里面黑洞洞的，漆黑一团，巨大的噪声，根本听不清说话，可坦克需要联络，于是巴顿就想出一个特别的办法。

什么办法呢？就是后面的人拿脚踹前面人的后背，就是前进，摸前面人的头顶，就是停止。这是最简单的最原始的坦克的通信方式，用形体语言来进行表示。

很快，巴顿就开始用自己训练的部队进行军事演习了。巴顿看到，这些坦克的工作性能很好，他对此挺满意。

有了坦克，现在所要进行的就是真正的实践训练了，如果使所有的枪支、步兵和坦克同时齐集在一起，那可是件复杂的事情，因此巴顿要写下一些命令来看看他们会表现得多么出色。

这些坦克像巴顿预料的那样，在10秒钟内就越过了第一个壕沟，当然没有枪向它射击。

巴顿的战马还以为坦克是一种新的能跑的动物，它一点儿也不怕这些坦克，而且它经过时就要发出轻视的嘶叫，好像是在嘲笑坦克慢吞吞的速度。

就这样，巴顿在不到半年的时间里，成功地组建了一个初具规模的坦克旅，下辖两个营、三个连，还设有一个直属旅部的修理救护连。

巴顿任旅长，共有50名军官、900名士兵和25辆坦克，巴顿成了美国装甲部队的创始人。

出身骑兵的巴顿喜欢以骑兵的眼光看待坦克兵，他十分注重坦克部队的机动性，所以，巴顿相对喜欢法国的轻型坦克，因为这种坦克装甲轻，机动性强，行程远。

巴顿的坦克旅，被公认为美国远征军中最厉害的部队。而巴顿则以远征军中"最残酷的军纪森严的教官"而声名远播，他对下级极为严格，但他赏罚分明、办事公道。

巴顿认为，纪律和军容，是一名真正的军人的重要素质，也是一支部队凝聚力、战斗力之所在。

所以，在这方面，巴顿争取处处为官兵作出表率，当一个优秀军人的标杆，他始终保持军容整肃、仪表非凡。

在后来的第二次世界大战中，巴顿几乎成了军容军纪的代名词，只要人们提起他，第一个想到的就是军人的标准。

巴顿甚至把极为简单的举手礼发展成一种高度优美的艺术，在整个远征军中，这种漂亮的敬礼姿势被称为"乔治·巴顿"。

巴顿致力于把自己的坦克部队训练成一支钢铁队伍，具有一往无前的进攻精神。

虽然战争是令人诅咒的魔鬼，巴顿却生性喜爱打仗，渴望战斗。可以说，巴顿天生就是与魔鬼做伴的人。

巴顿日夜盼望率领他的铁骑驰骋沙场、冲锋陷阵。他说："我希望战争打下去，直到我们能一试身手。"

坦克兵箭在弦上

　　整个 1918 年上半年，巴顿一直提心吊胆，生怕失去参战的机会。
　　3月至5月，德国军事统帅鲁登道夫连续在西线发动五次大规模的攻势，并迅速在盟军阵地上形成几个突出部。
　　但是，德军现在已经是外强中干、强弩之末。他们已经没有进一步发动大规模进攻的能力，可以说盟军的胜利指日可待。
　　巴顿对这种局势深为担忧。一年前的今天，巴顿带着杀死德国人的渴望来到巴黎。现在巴顿依然怀着这种渴望，可到目前为止，德国人却不见减少。
　　有几次巴顿为去年没有加入步兵而选择坦克部队而遗憾，当时如果参加步兵，那已经在战争中打了 5 个月了。
　　当然，巴顿在坦克部队也做了不少工作，但他相当担心在战争结束时自己还一事无成，那会毁了他的军事生涯，或至少是一个很大的障碍。
　　如果战争能持续下去，那巴顿的才华足以施展出来，但是未知的一切让巴顿惧怕。

有几次夜里巴顿突然惊醒,吓出一身冷汗,因为他梦见和平降临了。他在日记中写道:

果真如此的话,那就等于毁了我的军旅生涯。我克服了巨大的困难,夜以继日地拼命工作,就是盼望在战场上大显身手。

否则,一切心血不都是徒劳吗?

然而生活就这样平淡地过着,有时巴顿会忍不住生活的平庸,来到最危险的前线。巴顿看到几乎所有的道路都经过了军事伪装,麻袋布挂了有3米多高以遮住框架,这样,敌人分辨不出横在路上的是什么东西,也就不会开枪射击。

许多地方都有挺大的炮弹坑,最后巴顿们只好下了车,戴着铁皮帽和防毒面具,挂着拐棍,穿过一片麦地走向前线。

太阳闪耀着光辉,四周宁静而不见一人,可却有像弯曲的水沟一样的长蛇即通信沟。巴顿他们很快就踏过了地上的一些绿色的麻袋布,那下面是炮兵队,只给人留了几个小孔。他们都在睡觉。

最后巴顿去了离前线近1000米远的支援区。那里也有许多炮弹坑,整个军队也在伪装下,看起来就像一些死树。

有几组士兵像野餐的人一样挂着拐棍在那儿来回走动,同时听到几声枪响。

巴顿去了小山上的一个农场,那儿已经被炸得七零八落。

巴顿站在一角上看到近400米以外有一排树,副官说:"那是些伪装。"那就是德国人的防线,可巴顿什么也看不到,连沟渠也没有。但是副官说,德国人可以很清楚地看到他们,所以他们就在灌木树的影子中继续走。

这时两枚德国炮弹发射过来，在不到100米远的地方爆炸了。巴顿到那个弹坑旁捡了一块碎片，还是热的呢！

巴顿并未被吓着，而是相反，感到了一种特别的兴奋。

巴顿们走到房子的后面，由于有太多的弹坑，这里很难走动。他们来到通信沟，巴顿极希望到沟里去看看，副官则说在顶上走会更好。巴顿接受了这个建议。

就这样，巴顿他们登上了坡顶。从那里看，他们的壕沟就像为铺设管道而挖开的排水沟，前面有些铁丝网，还有那约200米以外的伪装用的一排树。

副官又说他们最好一个劲儿地走动，否则就会遭到射击，所以巴顿一直不停地走下了山坡，而后绕到了壕沟后面的一片小树林里。

可是在这里，除了200米以外的一排树外就看不到什么了。树林后面有一座新墓碑，上面有个漂亮的木制十字架，这个人是今早被巡逻兵打死的。

副官停下来让巴顿看那壮观的战场，可巴顿却情不自禁地注意到自己是十分可能的目标，而且那射程是绝对致命的。巴顿不喜欢背对敌人，因为万一他们开枪，自己根本没有任何机会躲避。

巴顿他们来到了平地上，巴顿想这是世界上最大的一片地了，至少看起来的确是这样的。

正好在田野的正中间，副官停下来整整绑腿，巴顿也摘下头盔，点着了一支烟。

然后巴顿他们翻过了山脊。看来巴顿和自己的副官在光天化日之下漫游还真好笑，没有射击，只有活生生的东西。人们并不会害怕，却对在地狱里看不到射击而感到好奇。

最后当巴顿他们离开前线时，巴顿瞧了瞧这个军队。那情景逗死人了，所有的一切都被伪装起来。

巴顿企盼的时机终于来到了。

8月20日，巴顿正在参谋学院听课，突然有人通知他立即向坦克兵司令报到。

到了司令部后，巴顿才知道，9月初美军将首次独立地组织实施大规模进攻战役，坦克兵也将参战。

协约国盟军最高统帅费迪南·福熙将军计划对德军发动一次大规模的进攻战。

这次大攻势的前奏是扫除圣米耶尔城防守部队的德国人。

自1914年以来，德军就在凡尔登以南的默兹河和摩泽尔河之间守住一个楔形的突出部，以保护梅斯和布里埃铁矿的关键性中心。该矿是德国炼钢所需矿石的丰富源泉。

这个突出部插入法国的右侧翼达16公里，既切断了凡尔登到土尔的铁路，又切断了巴黎到南锡的铁路。要在默兹河和阿尔贡森林之间的防区进行任何成功的大规模进攻，消除这个突出部是必不可少的，这个防区已被选作为下一个目标。

肃清圣米耶尔突出部的德军，已成为美军在其自己指挥下的第一个行动了。

从突出部的顶端圣米耶尔起，它的西边成斜线地延伸到默兹河东的树木茂密的高地，它的南边从圣米耶尔延伸到摩泽尔河横切河两岸的高地。在高地之间是沃夫勒平原，它被小溪、沼泽、大的池塘和一片片的林地所切割，不易通行，尤其是在雨天。

潘兴的最后计划要求同时向两边推进，突击的重点放在南边。牵制性的进攻将指向突出部的顶端。为了大规模进攻，集结了超过55万的美军和11万法军的兵力。在参加这次进攻的3个美国军和九个附加的师中，两个军和9个师都无战斗经验。

空军集结了1500架飞机，大都是由法国人和英国人提供的，这是为一次攻势所曾集结的最大数量。在突出部的两边，集中了约400辆法国坦克。300门以上大炮和330万发炮弹，保证进攻者将使用高爆炸药把敌人阵地彻底炸遍。

当时司令部赋予巴顿的任务是：指挥第五军的坦克，包括自己的6个坦克连和一个法国坦克连共计144辆坦克，支援从南面发起进攻的主力部队。

于是巴顿突然忙碌起来了。接到作战命令的第一天，他就在司令部里忙于为这项计划搜集补充的详细材料。

等巴顿冷静下来时，突然想到了一个可怕的事情。

巴顿立即去找自己的上司坦克部队司令说："天哪！将军！我忙乎这些有什么用？我自己连一辆坦克都没有，我这样怎么能指挥第五军和其他部队的坦克呢？"

上司没有理会他，只是生硬地对他说："不要多问，到时候会有的。"

巴顿还是不放心，又去别处打听。直到别人告诉他坦克已在途中时，他才冷静了下来。

同时，巴顿又听到了别的传言，说他的部队要经过的道路可能全是沼泽，坦克要过去非常困难。于是他又忧心忡忡起来，他决定亲自去察看地形。

巴顿跑到法国军团司令部去，征得了有关人员的同意，然后同一个法国兵一起去察看了地形，他看到那里没什么沼泽，几乎没有什么障碍能挡住坦克，他终于放心了。

等巴顿回到营地时，坦克也运到了。一切准备就绪，只等司令部的命令了，巴顿终于睡了一个安稳觉。

英勇战斗大受赞赏

发起进攻的时间一推再推,最后才决定在12日凌晨1时开始。在参加战斗前,巴顿已经做好了牺牲的准备。

9月12日凌晨,900门大炮一齐开火,一直延续了4个小时。凌晨5时,地面进攻开始,50万美军和15万法军像巨浪一般涌向德军阵地。当时巴顿处于极度兴奋的状态之中,他把坦克分成三路开进,自己靠近右路指挥康普顿营。

在真正的实战中,坦克部队的指挥员究竟应该在什么位置呢?是待在指挥所里,还是应随坦克跟进?

巴顿根据自己的想法,认为指挥员亲临第一线可以激励官兵的士气和斗志,并能随时依据变化的情况组织战斗。巴顿一行冒着炮火往前疾进。穿过进军路上的第一座城镇圣比桑,向埃塞前进。

巴顿处于极度兴奋之中。时而驾着坦克领队,时而跳到地面上大声叫嚷着指挥车辆前进。看到有人不听他的招呼,便一阵又一阵地大发脾气。在阵地上,他出没于坦克内外,步行比乘车多,跑的路比走的多。很快他就发现自己已到了开在最前面的一个坦克排那里。

到了庞奈镇前面，跟随巴顿身边的5辆坦克有4辆已经耗尽了燃料，不能动弹。

坦克遭到敌人密集的弹雨的袭击，巴顿跳下坦克，隐蔽前进。他很快发现自己陷入了孤身一人的危险境地，最终不得不转身往回跑。

后来巴顿遇上了补充油料后赶来的原先4辆坦克，于是把5辆坦克重新组织起来，自己跳上领头的坦克，他们一面猛烈开火，隆隆地进占了贝内镇，缴获了4门火炮，16挺机枪。

这时，巴顿开始关心从左路进攻的布雷特坦克营的战斗情况，他步行穿过大段无人地带，发现该营的25辆坦克已经占领了弄沙尔。不过燃料全部用完，不能继续开进了。

巴顿在路旁拦住了一辆战地观光军官的车子，从赛谢普雷油库搞到了两个坦克营所需要的汽油。然后他兴冲冲地到军司令部汇报了一天的战斗情况。精力过人、神采飞扬的巴顿正为自己第一天冒险行为高兴时，他的上司罗肯巴克给了他一闷棍。

巴顿的上司已经听说巴顿有到处乱跑的习性，他时常离开自己的部队单独行动，并且只身进入德军防线。对此十分生气。

罗肯巴克训斥巴顿说："你的任务不是一个人孤军作战，你愚蠢地闯进敌军防线的行为不能原谅！我不懂，你究竟想干什么？看来你的指挥职务非解除不可了！"

这下可击中了巴顿的要害！他最怕不让他带兵打仗，他明白自己所干的事确实有太多的个人英雄主义色彩，于是立即虚心表示歉意。

不过上司对巴顿取得的战果还是很满意，只是不希望他冒险惹事，听了他的解释，心中的怒气渐渐平息下来，此事便不再多讲了。

第二天,圣米耶尔战役实际上已经结束。美军俘虏敌军1.5万人,火炮450门。

一队又一队的德军战俘从巴顿身边经过走向战俘营,德军的防线收缩到兴登堡,中间留下了一段宽阔的无人地带。

巴顿把率领的坦克以扇形阵式开进到开阔地带,在离德军兴登堡防线八公里的地方停了下来。然后,巴顿命令西奥多·麦克卢尔少尉的三辆坦克向敌军阵地直冲过去。

大约过了一个半小时,听到一阵隆隆的炮声。麦克卢尔捣毁了敌军一个炮兵连阵地,而后得意扬扬地返回。然而,美军司令部并没有打算正面攻击兴登堡防线。巴顿擅作主张的行动让他的上司大为恼火,他立即命令巴顿停止战斗,前来受训。

上司把他臭骂了一顿,不过,罗肯巴克将军深知巴顿在坦克部队中的威望与作用,深知像巴顿这种英勇顽强的军人品格是十分罕见、十分可贵的,便又原谅了他。

不过出人意料的是,美军远征军总司令潘兴将军对坦克兵在此次战役中的英勇战斗精神,进行了大加赞赏。

无论如何也要前进

为了进一步扩大战果,潘兴专门制订了一个新的大规模作战计划。

按照新的计划,潘兴将突击方向转向了凡尔登西部地区,准备组织一次全新的战役。

为此美国集结了3个军的兵力,同时有3个师作为预备队,在墨兹河与阿尔贡森林西部边缘之间的宽约30多公里的地带,全面铺开。

巴顿的坦克旅属于第一军,总共有坦克135辆,任务是通过夏庞特里方向的谢匹与维朗内,沿着阿尔贡东边,在布昂泰和埃尔两边开进,支援步兵进攻。

美军通过铁路把坦克运到了预定攻击出发地域,巴顿组织官兵乘着夜色把它们卸下火车,然后率领人马开到一片小树林里隐蔽起来,等待着进攻的命令。

德军在墨兹到阿尔贡一线,构筑了一个严密坚固的防御体系,在纵深12公里的阵地内,修建了4道防线,其中有无数相互支撑的机枪火力点,并敷设了密密的鹿砦铁丝网。

9月26日晨5时30分,巴顿他们的坦克部队开始了参战以来的第二次战斗。那天雾很大,德军又不断地扔烟幕弹,巴顿们连3米远的地方都看不见。

75毫米大炮轰击一小时之后,巴顿往前挪了挪,想看看前面到底怎么样了,但什么也看不见,四面八方全是机关枪在扫射,谁也辨不出是哪一方的。

巴顿带了6个通信员和一个罗盘表,并把路上找到的迷路的士兵都带上了,有时竟有几百人。

大约9时30分,巴顿他们到了一个叫柴彼的小镇。巴顿部队越过步兵,要占领这块地方的时候,受到四面八方的枪击。

巴顿他们用机关枪扫射,又用大炮轰,可还是什么也看不见。很快,一些美国步兵开始跑着往回撤。

因为巴顿的人都没有步枪,所以他也只得跟着步兵往回跑,在他们停下来之前,巴顿在一个山顶后面躲了起来。

巴顿他们到山顶后面的时候,天已经放晴了,德军的枪声不断,逼着巴顿他们用大炮和机关枪回击。

这时步兵又一次逃跑了,巴顿们在后面喊他们、骂他们,他们才停下。

但是这些美国兵吓坏了,表现得非常糟糕,有的人戴上防毒面罩,有的人用手捂着脸,但没有一个敢进攻的。

除了巴顿以外,没有第二个军官,所以他决心履行职责。巴顿的一些后备坦克被困在壕沟里,他返回去让藏在壕沟里的美国人挖出一条通道。

敌人不断地开火,情况非常危险,巴顿急疯了,走在最前面指挥,终于有五辆坦克出来了。巴顿喊着、骂着,挥舞着手杖,领着他们前进。

大约有 150 个步兵也跟着前进了，但当巴顿部队到达山顶时，德军的地面火力实在太疯狂，巴顿他们都趴在了地上。

这时巴顿明白，他们要么必须往前冲，要么撤退。

当时巴顿部队正处于前方频遭炮轰、两侧遭枪击的形势下，但巴顿不断地对自己说巴顿不会被击中。这样感觉好些，虽然周围的士兵一个个倒下了，有的被炸得尸首横飞。

可巴顿不能撤退，于是他喊着问有谁愿意跟他一起冲，结果只有 6 个人往前冲，其中有巴顿的传令兵，巴顿和另外 4 个士兵。

巴顿希望其余的人能跟着，但他们没有行动。冲出来的人很快一个接一个地倒了下去，他们就剩下 3 个人了。

巴顿能看见机关枪就在前面，所以他大喊着，鼓足勇气，继续往前冲。

又一个倒下了，传令兵对巴顿说："就剩下我们孤单单的两个人了。"

巴顿回答说："无论如何也要前进。"

就在巴顿他们准备继续前进的时候，一颗子弹穿透了巴顿的左大腿，巴顿重重地摔倒在地。

子弹是在大约 50 米远的地方射进来的，所以子弹出来的地方留下了一个银币大小的洞。

鲜血顺着裤腿汩汩地流了下来，巴顿最初甚至没有什么感觉，可是疼痛很快袭来，他感到腿被打中了。

巴顿静静地躺倒在地上，就那么短暂的一会儿，他想了很多，他甚至想就此倒在地上不起来了。

但是，巴顿不能对不起家族荣誉，而且他从来没想过自己会被击中，他一定要站起来。

所以巴顿真的又站起来，走了大约 10 米的距离，他的腿实在不行了,又重重摔倒在地,这时只剩下巴顿的传令兵。

"天哪!上校被打中了,一个人都没了。"

传令兵边喊着边把巴顿拖到一个弹坑里。

巴顿躺在那儿,子弹从巴顿头上呼啸而过,嗖嗖作响。

传令兵用刀割开他的裤子,给他包扎好伤口,并勉强止住了血,可是他已经无法再站立起来了。

这时几辆坦克开过来了,巴顿派安吉洛迅速跑过去向坦克手指出约40米距离上的敌人机枪点的位置。

一个中士走过来,巴顿命令他赶回去向军部报告他受伤的消息,并指定另外一名军官接任指挥职务。

又有几辆坦克开上来了,巴顿躺在地上,给它们指示攻击的方向和目标。

大约一小时后,附近敌人的机枪点被摧毁,3个士兵抬来了担架,与传令兵一起将巴顿抬上担架,送到救护车队。

巴顿坚持先到师司令部,向司令部的军官汇报前线战况后,才被送往野战医院。

刚到医院,他就昏迷过去了。第二天上午,巴顿醒过来了,发现身边躺的全是他的坦克车手。

巴顿的事迹很快就上了报纸,人们称赞巴顿是坦克兵英雄,他受伤躺在弹坑里仍继续坚持指挥作战。

巴顿从26日晚至29日晚一直待在野战医院。之后,救护车把巴顿送到火车上。

对于巴顿来说,坐火车的滋味还行,因为天一直在下雨,路上没有什么灰尘。

途中,护士们还让巴顿吃了点儿糖浆、面包,喝了点儿咖啡。这在战争中可真是难得的安静。

到了基地医院，巴顿手下一个军官说，他受伤的那次战斗，面对的是一个营的德军，而巴顿他们只有9个人，真够幸运的。

不久，巴顿的伤口基本愈合了，大夫说子弹从这个部位穿过去竟没使巴顿致残，真是个奇迹。

因为医生自己用探针都不可能不碰到臀关节、坐骨神经或是大动脉，子弹竟然没碰到，很幸运。

虽然巴顿不能在战场上继续指挥作战了，但他那种坚韧不拔的毅力、带头冲锋的表率作用仍然激励着坦克部队的官兵们继续进行战斗。

美军坦克部队用为数不多的坦克一直战斗至10月中旬，配合步兵摧毁了敌人坚固的抵抗据点，建立了稳固的防线，并粉碎敌人的多次反冲击，最终取得了这次战役的胜利。

鉴于巴顿的英勇战斗表现和取得的功绩，罗肯巴克建议晋升巴顿为上校。

潘兴更充分地认识了巴顿的勇敢、牺牲精神，他写信给比阿特莉丝，说她有权利"比任何时候都更为他感到骄傲"。

在巴顿33周岁生日前不久，他被晋升为上校，属于美军中比较年轻的上校军官。

"你对我有何评价？"他写信问妻子。"我自然十分高兴，尽管说心里话我不认为自己很值得获得这个军衔。"

巴顿在总医院养伤期间，从前线不断传来胜利的消息，激励着他的斗志，急切盼望伤愈归队，重返战场。

出院后，巴顿奉命返回布尔格任职，他立即发布"关于着装举止和纪律"的命令，要求军官和士兵都要遵守纪律，着装整洁，训练刻苦。

很明显，巴顿还想率部队继续作战。

但不久，1918年11月11日，经过4年多苦战的第一次世界大战以德国失败投降而宣告结束。

对于巴顿来说，这虽然是一种不幸，但他又觉得战争在这一天结束对他无疑是一个吉祥的兆头，因为这一天恰好是他的33周岁生日。

第一次世界大战这场残酷的悲剧代价不小，协约国上战场的4200多万男人中，至少有700万人被杀戮，其中有300万人残废。

在这次战争中，美国只是参与了其中极小的一部分，对于巴顿来说，圣米耶尔战役是巴顿真正意义上的第一仗，尽管它既不重要也不激烈。速胜的圣米耶尔战役虽令巴顿沮丧，但是也同样令巴顿难忘。

将与坦克部队再次会合

1919年2月，巴顿率领自己的手下，乘火车前往马赛，然后从那里坐船回国。

法国马赛基地的司令官参观了巴顿的这支部队，他为自己所看到的震惊不已。

巴顿的美国部队，无论是军容还是纪律，可以说都是世界一流的，完全可以成为其他军队的楷模。

上船后，巴顿十分关心士兵的食宿条件，为此又忙碌一番。3月中旬，船队顺利抵达纽约。

此时对于巴顿来说，一场令人振奋的大战已完全变成了历史。

巴顿在这次大战中获得了值得炫耀的荣誉，他被授予"优异服务十字勋章"。

一向渴望得到荣誉的巴顿此时有些喜形于色了，他感到，自己没有虚度年华。

巴顿认为自己幸运地赶上了一场大规模战争，建立了功业，并为自己争得了美国第一坦克手的美名，他踌躇满志，颇为自得。

到此为止，巴顿已有足够的理由为自己在第一次世界大战中所取得辉煌的成就而感到骄傲和自豪。以前的剑术大师一跃成为美国一流的坦克专家。

巴顿创造性地建立了一个新的兵种，发明了一种新的战法，并在实战中检验了他的成果。

巴顿以自己的特有模式造就出一支无坚不摧、战无不胜的坦克部队，他们对美军在两次大规模进攻战役中取得胜利做出了突出贡献。

由于功绩卓著，巴顿连续3次获得晋升，直至升为上校。但最为重要的是，他的勇敢精神和领导才能在战场上得到了充分的展示。

回到美国后，思念亲人的情绪像烈火一样燃烧着巴顿，他觉得自己似乎已有一个世纪末同家人见面了。

巴顿摆脱了记者的纠缠，拒绝了任何邀请，匆匆地赶回家与妻子见面。几天后，巴顿又与家人团聚了。

和平似乎正在降临人间，世界又恢复到了1914年以前的状况。现在，军人又显得笨拙可笑，手中的武器似乎也没有用武之地。

在巴顿离开美国的两年多时间里，美国发生了巨大的变化。国家正在战争的催化之下成为工业化、机械化和城市化的国家，甲虫般的汽车塞满了公路，穿工装裤的人更多了，女权运动大大兴起。

由于参议院拒绝批准《凡尔赛和约》和拒绝加入国联，美国又退回到传统的孤立主义政策。

美国人民的眼光盯着国内事务，在欧洲的美国远征军早已被迅速召回，巴顿就是在1919年5月17日回到美国的。

对于战争向和平的转变，巴顿似乎还不太适应。

战争就是巴顿的生命，巴顿是那么的热爱战争，在战争中体会快意、乐趣、刺激和紧张，他认为自己就是战争中不可分割的一部分。

然而突然地，潘多拉的匣子关上了，巴顿觉得又回到了愚蠢的、地狱般的世界，生活失去了意义。

巴顿满怀着远离战争的悲伤，带着对戎马生涯的渴望，回到了平庸的生活状态。

在第一次世界大战结束之后的1920年，对巴顿来说是喜忧参半的一年，一方面，他在战时的功绩受到了无数的表彰，另一方面，留给巴顿的就只有烦恼了。

《凡尔赛和约》签订之后，法国总理克里蒙梭宣称："我们已经把战争进行得十分彻底，十分彻底了。"

美国对保持一支何等规模军队为宜的问题展开了辩论，结果轻而易举地达成了共识：保留一支人员少，规模小，但比较精干的队伍。

陆军首当其冲大裁减，遭到全面清洗，几乎所有军官都被降职或解职。

陆军参谋长马奇将军由上将降为少将，数千名正规军军官被宣布退役，尽管他们不断抱怨政府忘恩负义，但丝毫无济于事，同时海军建设也大量削减。

回国后，巴顿的部队被调到马里兰州的米德军营。这个地方位于巴尔的摩和首都华盛顿之间，是第一次世界大战后专门开设的坦克兵军营。

当时除了巴顿的坦克兵外，在宾夕法尼亚州科尔特军营，还有一支受训的坦克兵，他们的指挥是艾森豪威尔中校。

现在，战争结束了，这支坦克兵与从法国返回的坦克兵合编，并转至米德军营。

1919年3月，巴顿与艾森豪威尔在米德军营的坦克中心初次相见，虽然两人的经历与学识各不相同，但他们志向相同，都立志为装甲部队奋斗。

尽管巴顿的年龄和军衔都比艾森豪威尔高，但对装甲部队抱有的同样热情，把这两名优秀的军人紧紧联系在一起。

巴顿和艾森豪威尔两个人一起学习专业课程，常常共同做功课，讨论军事问题。

讨论最多的是如何把装甲部队发展为一个强大的兵种，而不受行动迟缓的步兵的牵制。

颇有实干精神的巴顿不仅限于讨论，而且积极动手改进坦克的通信和射击的稳定性。

巴顿一直在为他的坦克部队奉献着自己的智慧和金钱，甚至连他的亲爱的夫人也加入了支持他的行列。

虽然坦克的经费越来越少，油料也日益减少，但巴顿仍乐观地工作着。

巴顿还参加了一个技术委员会的工作，研究如何改进坦克的装备，使其从原始的粗胚形态走向成熟。

一个叫沃尔特·克里斯蒂的发明家给巴顿的坦克带来了一个可能发展的机会。

为了实现自己的坦克是最先进而又最简单的武器的设想，巴顿自己出钱资助克里斯蒂研制新坦克。

后来，巴顿还在米德军营专门为他安排了一次表演。

这次表演对巴顿来说意义重大，他认为它几乎可以决定坦克部队是存留还是取消的命运，然而陆军部的将军老爷们却不这样认为。

表演当天，巴顿夫人和陆军部的7位将军出席观看表演。

这次参加表演的坦克，不是由别的运输工具运来的，而是靠自身的动力,长途跋涉了400多公里到达的。

坦克的时速达到每小时近50公里,这个速度在当时来说就是一个奇迹!

巴顿在试验现场首先对坦克的性能做了简明扼要的介绍,并说:"操纵十分简便,连小孩子也能驾驶。"

巴顿邀请那些将军们坐上去,试试看,但无一人应声。他又一次邀请,又一次沉默。

于是,巴顿转向他亲爱的夫人,让他的夫人表演一下。

小巧玲珑的巴顿夫人十分沉着而娴熟地驾着车,虽然在行驶中掉了帽子,合体的衣服上也溅上了泥浆,但她表现出的高贵的气质和优雅的举止,使观看者无不深深折服。

即便如此,也难以改变陆军部这些老朽们头脑中那陈旧落后的观念。军械署最终还是拒绝了克里斯蒂的设计,理由竟然是难以操作。

失望渐渐向绝望转化。

当1920年6月来临的时候,巴顿身心交瘁。

事情往往就是这样,你的命运常常不是被自己掌握着,而是在一些对你来说可能毫无恶意的人的谈笑之间被决定。

巴顿不得不又一次经历了要与他所执着热爱的坦克兵事业分手的痛苦体验。

作为美国的第一坦克手、美国坦克部队的创始人,想到自己呕心沥血、费尽周折而得来的坦克部队在不久的将来就要分崩离析、各自为政,巴顿心中涌起的并不是悲哀,而是一种立誓重组坦克部队的豪情壮志。

1920年6月,美国国会通过了《国防法案》,规定陆军编制仅为28万人,分9个师。

最令巴顿伤心的是，坦克兵失去了存在的法律依据。该法案规定，坦克兵配属步兵，不再作为独立的兵种存在。

因为《国防法案》还规定，坦克兵以连为单位配属步兵，每个步兵师配属一个坦克连，由步兵军官统一指挥。1920年，全年的坦克经费只有500万美元。

这一法案的公布，表明战后以来巴顿为了他的坦克所做的一切努力都付诸东流。

巴顿无可奈何。这年夏天，巴顿决心告别坦克，告别自己苦心经营的三〇四旅，重返骑兵部队。

临别之际，巴顿对他的部下发表了一篇满怀惜别之情又慷慨激昂的演说。

巴顿说：自己爱三〇四旅及其所有的军官和士兵们，并以他们为骄傲。无论三〇四旅走到哪儿，都会是纪律、勇气和效率的典范。

同时，巴顿坚定地说：坦克部队有我的心血和希望，我坚信它是不会衰亡的。

最后巴顿还认为，总有一天，他将与自己的坦克部队再次会合，因为他已经把自己的生命和荣誉与这支部队联系起来。

平静生活中的内疚之情

1920年夏天,巴顿挥泪告别了坦克部队,加入了骑兵部队。对于巴顿来说,在和平时期,骑兵部队还算有一定的吸引力。

然而,巴顿很快对这种生活也非常乏味了,他感觉基本上天天都是一个样。

周而复始,一天又一天,一周又一周,一月又一月,一年又一年,就这样循环着,巴顿感觉到生命的漫长。

现在的巴顿,每天早上起床都比较懒惰,这在原来是不可想象的,原来他只有星期六才可能会这样。

可是现在,几乎天天都是这样。

巴顿担心挥之不去的惰性最终会毁了自己,更让他可笑的是,原来自己在战场上指挥1000个或更多的士兵,而回到美国后,却要指挥一个74人的骑兵团,而且每天上午都要巡逻。

为尽量避免目前这种可怕的寂寞感,巴顿打算写书。因为在和平时期,只有笔才能刻画出战争的伟大。

在此后的20年间,巴顿曾先后被调动了10次,担任不同的职务,负责不同的工作,其中有些职务和工作对他来说是毫无兴趣的。

巴顿把他过盛的精力投入到他所担当的每一项工作中去，精神饱满地指挥操练，认认真真地伏案工作，带着强烈的好奇心孜孜不倦地学习各种知识。

然而这似乎还是无法排除内心的烦躁，因此巴顿把目光转向了体育活动，这项可以消磨不少时间和精力的事情上。

巴顿深深地迷上了马球，而且水平还相当高。当时人们普遍认为，马球是最适合军人的一种运动。

从事这项运动不仅要求运动员具备强健的体魄、准确的判断和专心的精神，而且还要求运动员能够快速反应、当机立断和协调配合。

1919年至1934年，巴顿的军衔一直是少校，但在马球运动方面，他从三分球运动员跃升为七分球运动员，并且当上了令许多球手垂涎的陆军马球队队长。

巴顿率领陆军马球队四处征战，在马球运动中，巴顿倾注了大量的精力。

此外，巴顿还喜欢参加马展、赛马和游猎。他在全国各地的马术比赛中，共获得400枚奖牌和20个奖杯。

和平时期使巴顿有了更多的时间读书。巴顿认为，一个不读书的军人，只能是一个没有头脑的莽汉。

巴顿嗜书如命，且富有钱财，这使他拥有一间颇具规模的书房，它可以与麦克阿瑟将军在马尼拉被日军毁坏的存有7000册图书的书房相媲美。

巴顿所在的骑兵团在迈尔堡，是一个平静的地方，它是1881年为纪念阿尔伯特·迈尔将军而命名的。

巴顿是迈尔堡骑兵第三团的一个中队长，他的骑兵中队的任务是为葬礼提供勤务，即把各地送到华盛顿来的在以往战争中阵亡的军人尸体运送到阿林顿圣地埋葬。

巴顿率领他的骑兵分遣队在联邦车站迎接覆盖着国旗的棺材的炮车，然后以缓慢的步伐穿过市区，走向墓地。

日复一日的例行公事，使巴顿极为痛苦，1922年的一天，当他又一次执行这令人生厌的工作时，他突然别出心裁，命令骑兵快跑起来。

骑兵的速度对于稳重的炮车来说，似乎过快了一点。巴顿在后面拼命追赶，这是巴顿平静而无味的生活中的一个小插曲，他也许正是要从这些小小的恶作剧中寻找到一点刺激。

然而生活也并非百分之百地味如嚼蜡，家庭的温暖与亲友的深情，也使巴顿颇为感动。

经过了两年多的分别，巴顿与比阿特莉丝又生活在一起了。他们的感情在小别之后又更近一层了。

在这个世界上，能够征服巴顿，使他公牛般狂躁的性情稳定下来的，只有这个相貌美丽端庄、举止优雅大方的小妇人了。

巴顿深深地爱护她，依恋她。

就在巴顿刚离开美国到法国参战后不久，他在给妻子的信中写道："巴黎没有你就变成了一个十分乏味的地方，我至今还看不出我个人在这场战争中能够做点什么，但我想我运气好，我会碰见一个人，我希望那就是你。"

比阿特莉丝也把自己的一缕柔情倾注在巴顿身上，她爱巴顿，她爱巴顿的荣誉，她爱巴顿胜过爱她自己。

一次，巴顿他们到杜旁特广场附近的朋友家去参加宴会。

巴顿身着戎装，佩戴着他用鲜血换来的勋章走进金碧辉煌的大厅，一个酒鬼以挑衅性的语言讽刺他是假英雄。

比阿特莉丝忍不住冲向那个酒鬼，把他从椅子上打翻在地，用拳头猛击他的脸，直到巴顿把她拉开，才算罢休。

比阿特莉丝她绝不容忍任何人玷污丈夫的名声和荣誉，即使牺牲她的一切也在所不惜。

比阿特莉丝陪巴顿在迈尔堡过着豪华的生活，然而军人的职业使巴顿不能长期待在父母妻儿身边，他先后到科林菲尔德兵营和夏威夷军区任职。

在四季气候如一、景色宜人的夏威夷军区，巴顿通过当地贵族子弟举办的马球赛，认识了沃尔特·迪林海姆。

迪林海姆英俊潇洒，具有巴顿所欣赏的那种绅士外表与骑士精神，两人又都是打马球的高手，因此很快由于彼此之间的相互吸引而交上了朋友。

不久，巴顿与这个小岛上的最富有、最显赫的家族交上了朋友，并与他们打得火热。巴顿根本不会想到，这与他的未来有多大的关系。

巴顿在夏威夷期间，其父母和最疼爱他的安妮姨妈相继离开人世。这3个人都是一直最关心、最疼爱巴顿的人。

巴顿为此痛苦万分，常常泪水挂满脸颊。

一天早晨，巴顿穿着军装，独自去了父亲的墓地。除了那块红玫瑰色的柩衣还静静地覆盖在他长眠的地方，墓地周围堆满的鲜花都已枯萎了。

巴顿跪下来亲吻了泥土，然后戴上巴顿的帽子，不是向爸爸，而是向一个自己曾爱过的最伟岸的躯体安放地敬礼，他的英灵将和自己永远在一起。

巴顿经常想，生活对自己来说太平坦了，但失去父亲却成了巴顿永远也无法挽回的憾事。

可以说，一种未让父母看到自己功成名就而心满意足地撒手而去的内疚之情，一直充满了巴顿的内心。

巴顿常常为此而感到不安。在一封给已故母亲的信中，他歉疚地写道：

  亲爱的妈妈，请原谅我。我一直都在祷告，我一定要为您做出一番惊天伟业来表达对您的爱，以不愧为巴顿从法国回来之时您对我的称谓，"英雄的儿子"。

  您曾给我做过的一切都是为了爱，对于您，除了母爱和奉献，再也想不起别的什么东西，然而我们又都必须变老，必须分离，这着实让我心痛不已。

  当我们再见面时，我希望您能宽恕我所有的脆弱。在大多数方面，我一直都做得很好。

大刀阔斧进行战备训练

1929年世界性的经济萧条严重冲击了意大利，墨索里尼断定殖民地扩张是减轻国内经济压力所必需的，进而走向了扩张的道路。

意大利军团先后入侵了独立的阿尔巴尼亚，并趁火打劫，于1939年4月7日，占领阿尔巴尼亚。

在太平洋地区，战争的硝烟从20世纪30年代早期就开始弥漫。日本秉承其大陆政策，图谋征服中国。

1931年9月18日，日本关东军在中国的东北发动"九·一八"事变，并迅速占领中国的东三省，成立由关东军控制的伪满洲国。

在1936年"二·二六"兵变之后，另外一部分法西斯分子控制了军部，使得军部代替日本内阁成为日本的最高权力机关。

在广田弘毅内阁建立后，此时日本已经进入法西斯主义的时代。

1936年11月25日，德国和日本签订了《反共产国际协定》，形成了"柏林—罗马—东京轴心"。

一年后，意大利加入该协定，企图建立一个政治军事同盟，有史学家分析，德国的矛头主要是指向苏联，这是德意日轴心的初步形成。在当时的情况下,世界大战一触即发。巴顿正是在这样的国际形势下,重新回到他的军事指挥岗位的。

1938年初,巴顿奉命到赖利堡骑兵学校任教。几个月后,身体完全康复,精神又振作起来了。

巴顿以军人特有的嗅觉,敏锐地感到不久将爆发新的世界大战。

1938年7月1日,巴顿正式接替了理查森上校的职务。他以自己特有的全新方法训练军队,确切地说,巴顿已经在认真地备战了。

巴顿欣喜若狂,不仅因为实现了回到野战部队的愿望,而且他的部队是战备部队,对他来说有特殊的意义。

一到克拉克堡,巴顿就大刀阔斧地进行军事改革,不是根据操典上的规定,而是以一种全新的方式进行战备训练。

当时,西班牙内战已经达到高潮,德国法西斯的飞机、坦克和一系列新的战争手段在战争中显示了强大的威力。

对此,美国陆军中一些老朽的将军视而不见,巴顿则作出了敏锐的反应。巴顿在克拉克堡加紧研究德国新一代将军的著作,并开始进行沙盘演习。巴顿把从各种军事杂志上收集到的德军战例重现于沙盘上,以备应付战争的需要。

当大多数美国军官沉溺于歌舞升平的和平生活时,巴顿却指挥他的部队经常进行近于实战的演习。巴顿清醒地认识到所谓神圣骑兵的时代已经一去不复返,骑在马上打天下已经永远成为辉煌历史。

巴顿对那些死板的参谋人员说:"不管那些老顽固对未来战争中骑兵的前途如何高谈阔论,我还是要对你们说,当战争来临时,在美国军队中是不会有几匹战马的。"

巴顿把骑兵团编成一组一组的机枪队，在训练中从头至尾全都步行前进。他是根据战争中可能出现的最严酷、最难以预料的情况来训练部队的。巴顿的严格管理、大胆要求，尤其是他的实战演习和全新的训练方法，引起不少人的反感。

正当巴顿在克拉克堡劲头十足地训练部队，准备迎接战争的挑战之时，11月27日，一纸调令把他调到迈尔堡接替要塞司令的职务。

这对巴顿来说不啻一个晴空霹雳。当国际局势急剧恶化、战争阴云密布之际，他却要离开战斗部队，回到一个社交场上去。

巴顿当时一度泪流满面，他实在不明白自己为什么被调动。

不过，马歇尔说了一句话，让人多少明白了这次调动的背景。马歇尔说："我要把巴顿调到距离华盛顿近一点的地方，以备需要的时候召之即来。"

不管怎样，巴顿那双浅蓝色的眼睛，从来没有离开过自己的目标，他始终机警地注视着周围所发生的一切，他一直在蓄势待发。

机械化改革的拓荒者

1939年9月1日，第二次世界大战在欧洲全面爆发了，就是这一天，整个文明世界都被拖入了灾难的深渊。

这一天，法西斯德国共出动了60个步兵师，14个装甲、摩托化师，4000多架飞机，以及数千辆坦克和装甲车，加上6000多门火炮、迫击炮，对波兰进行闪电般袭击。

作为对波兰负有安全义务的英国和法国，虽然没有帮助别人的心，但是迫于形势，不得不向德国宣战。

英法虽然迫于舆论压力对德国宣战，但它们并没有给予波兰任何实质性援助。而且德军很快突破了英法联军防线。

第二次世界大战初期，马歇尔一边关注欧洲正在进行的战争，一边在对美国的实力进行评估。

一旦美国被卷入战争，美国军队可以打赢这场战争吗？这是当时美国上层最关心的一件事。

评估的结果，是非常让美国人扫兴的，更是让美国人不安的。他们看不出自己在欧洲列强面前的军事优势。

事实也的确如此，当时的美国军队，还远远不是一支可以横扫法、德全境的强大英勇军队。

作为一个新兴的国家，美国的军事力量还非常弱，可以说它不过是一支安然躺在第一次世界大战温床上昏昏沉睡的部队。

特别是在对坦克的认识上，大洋彼岸的美国同英法两国犯有同样的错误。

第一次世界大战结束后，美国颁布的《国防法案》就将坦克纳入步兵部队，美国坦克也没有得到充分发展。

军队的机械化，是当时军事发展的一个方向，但是，美国并没有向这个方向很好地进行发展。

不过还好，新上任的马歇尔将军有一定的军事眼光，力主进行军事改革，但是困难也不可小觑。

就是在这样的情况下，53岁的巴顿，才能得到提升。因为当时的马歇尔已经在酝酿成立真正的装甲部队，而巴顿恰恰是军中无比优秀的坦克手。

改革遇到了重重阻力，马歇尔只能小心翼翼地掌着舵，将美国陆军向机械化的方向一步步地推进。

欧洲战争的残酷现实，让更多的人从睡梦中醒来，马歇尔支持者的队伍愈来愈众，他的步子开始越迈越大了。

美国陆军参谋长马歇尔将军冷静地观察和分析了形势，他基于对新武器和新战法的了解，向罗斯福总统建议组建装甲部队和远程轰炸机部队，得到全力支持。

1940年7月10日，马歇尔将军签署了一道命令，组建美国陆军第一装甲军，下辖两个装甲师。

由阿德纳·查菲将军任装甲军司令，第一装甲师驻诺克斯堡，师长马格鲁德，第二装甲师驻本宁堡，师长斯科特。

两天之后，马歇尔又作出一项重大的人事安排，解除了巴顿在迈尔堡的职务，将其调往第二装甲师，负责组建该师的一个装甲旅，并由他担任旅长。

马歇尔对巴顿的这项任命，让一些不了解巴顿的人感到莫名其妙，他们认为巴顿实际上是一个现代装甲部队里的古代骑士，是一个骑兵至上主义者。

巴顿也确实是给人造成了这种表面的印象，他经常借用道格拉斯·黑格元帅的一句话来表达自己对骑兵的热爱。

巴顿这样说："步兵和炮兵能够赢得战斗的胜利，但只有骑兵才能让它们胜得有价值。"

不错，巴顿热爱骑兵，对骑兵充满了感情。

但是，他也很现实，很清醒，他知道，第一次世界大战结束以后，骑兵的时代就已一去不复返了。

在内心深处，巴顿十分赞同对部队进行机械化改革的主张，只是他为了不得罪华盛顿那帮思想老朽的当权者，不得不尽量少地把这一思想表露出来。

马歇尔无疑是个伯乐，以他智慧的双眼看出了巴顿隐藏在心灵深处的真实思想。

美国就要有自己的装甲部队了，巴顿知道这件事情后，真是高兴万分。于是，他谢绝了老友的好意，办理好移交手续，星夜兼程地赶往本宁堡。

组建和拉练装甲部队

巴顿兴致勃勃地来到本宁堡，可是出现在他眼前的，却是一副令人沮丧的景象。

这里有300多辆严重锈蚀的旧坦克，2000多辆残破不堪的各种车辆，还有就是几千名没有任何军事素质的新兵。

一切都得从头开始。

但是，巴顿又得不到多少国家财政方面的支持，有时他甚至不得不自己掏腰包，使那些坦克和车辆重新动弹起来。

不过还好，这些破旧的机器，总算都开始能正常运转了。

紧接着，巴顿把人员和装备组合起来，编成3个旅，形成了坦克师的完整建制。

现在剩下来的问题是如何训练那些新兵了。巴顿深知，要把这群新兵锤炼成训练有素的战斗部队，绝非易事。

但巴顿有坚定的信心，他采取的措施是：表率、严格、激励。

巴顿处处以身作则，以自己对事业的热忱和十足的干劲感染和教育官兵，成为人人效法的榜样。

巴顿利用各种方式奖励成绩突出的官兵，勉励他们在战争中杀敌立功。

对这样一支部队，继续沿用20年前的那套管理方式，显然已不合时宜了。

所以，巴顿在刚到本宁堡时，把一切搞得一塌糊涂。巴顿的同事们甚至已经对他失望。

但是，巴顿就是巴顿，他是打不垮的。不久，在斯科特少将主持的军事会议上，巴顿在本宁堡的尴尬处境发生了一次戏剧性的变化。

在这次会议上，巴顿用简短有力的语言向众人表达了他建设装甲部队的信心。

巴顿说，他将率领着他的部队向勇敢机智这个目标迈进，而这个目标也将成为整个装甲部队的目标。

巴顿的发言在与会者中引起了强烈反响，这次会后，巴顿的发言成为众人议论的一个热点。

不久，新闻界也被巴顿吸引了，当报纸上刊登出巴顿的讲话时，勇敢机智变成了赤胆铁心，并且成了伴随巴顿终生的一个绰号。

此后，巴顿似乎豁然开朗，不久以后，他就成了装甲部队中以精明、讲究实效而著称的指挥官。

在不少战士心目中，巴顿不仅是位指挥官，而且还是一位演说家和战斗鼓动家，他具有自己进行演讲的高超才能，可以有效地提高士兵们的勇气和信心。

巴顿不是个夸夸其谈者，他是个讲求实效的指挥官，他明白，要真正把第二装甲师变成一把锋利的尖刀，必须经过极其严格的训练。

在训练初期，巴顿为第二装甲师安排的繁重训练任务曾一度引起了一些抱怨。

那些懒散惯了的士兵和军官，背地里整日发牢骚，互相议论说："这怪老头儿真讨厌！"

但是没过多久，这些牢骚都消失了，取而代之的是无言的服从，巴顿抓住了第二装甲师所有官兵的心。

这时，人们私下议论最多的是："你可别在老头儿面前出丑，他可不喜欢这个。"短短的时间里，第二装甲师的面貌焕然一新。

1940年9月，阿德纳·查菲因身体状况不佳调离了坦克部队，由斯科特师长接替军长职务，巴顿则担任第二装甲师代理师长。

眼看着自己的部队一天天成熟和正规起来，巴顿感到由衷的喜悦。为了检验部队的训练水平，也为了在公众面前展示一下坦克兵的威仪，巴顿决定搞一次长途行军。

1940年12月，巴顿率领他的装甲师的官兵、1000多辆坦克、战车、各种车辆，天上还有飞机伴行，从佐治亚州的哥伦布出发，浩浩荡荡地开往佛罗里达州的巴拉马城，往返600多公里。

沿途，他们受到了隆重而热烈的欢迎，成千上万的居民自发地涌到路旁，用惊奇羡慕的眼光目送这群威武可怕的战争机器隆隆地驶过。

甚至学校也放了假，让孩子们一睹美国装甲兵的风采。整个行军简直是一场精彩的演出。

这次行军不仅在军事训练上取得了巨大成功，它还在舆论上为装甲部队做了最有效的宣传。

不久，人们就开始对巴顿相信无疑了。

与此同时，对巴顿的赞美之词也广泛流传起来，他甚至成了某些人崇拜的偶像。

在第二年的元月，巴顿又搞了一次阅兵式。

这一天，本宁堡异常热闹，坦克部队的1200多辆各种战车、侦察车、运输车、吉普车鱼贯开进本宁堡中心广场。

巴顿和一群军政要员登上检阅台。

在阅兵正式开始之前，巴顿亲自登上一辆涂有红、白、蓝三种颜色的坦克，头戴钢盔，威风凛凛地站在炮塔上。

坦克绕场一周缓缓行驶，官兵们的吼声震动了天地，他们齐声高喊："前进，前进，一直前进！"

巴顿在雄壮的呐喊声中回到检阅台。阅兵开始，军乐嘹亮、礼炮轰鸣，战车编队通过检阅台。

阅兵完毕，前来观礼的长官们无不称好。陆军参谋长马歇尔满意地说："我们的坦克从无到有，已经发展成为一支训练有素的强大的战斗力量。"

这无疑也是对巴顿本人功劳的肯定与褒扬。

这天，陆军部长史汀生当场宣读了任命巴顿为第二装甲师师长，晋升为少将的命令。这时候，美国已加快了战争准备的步伐。

大规模军演的精彩结局

1941年1月28日,马歇尔宣布,陆军到3月为止其员额将激增至100万,四个野战军将接受美国军事史上第一次大规模演习的考验。

这次大演习为巴顿提供了展示第二装甲师训练水平与作战能力的舞台。

更重要的是,巴顿打算通过参加这次演习,打败美国陆军中的反坦克派。

至此,装甲部队才终于名正言顺地有了自己的地位,成为一支永久性部队。

但是,反坦克派的小动作并没有结束,他们正密谋打击坦克派的气焰,他们希望通过1941年大演习,一劳永逸地毁坏坦克的名誉。

巴顿知道,陆军装甲部队能否生存下去,取决于它在这次演习中的表现,为此,他做了充分的准备,对部队进行了秘密的适应性训练。

巴顿雄心勃勃地决定通过自己的努力,向人们证明,坦克不是一堆烂铁，而是真正的王牌。

同时，巴顿还想借这次演习，验证一下自己已逐渐形成和日臻成熟起来的战术思想。

6月12日，巴顿率领部队从本宁堡出发，来到了演习地域田纳西州曼彻斯特，经过了长达1.6万多公里的远途行军。

演习开始后，坦克部队战术和技能发挥得淋漓尽致，突击性和快速机动的特点得到全面体现。

现在的巴顿，已经对于坦克部队的特性非常清楚，他已经能够非常熟练大胆地进行指挥，采取机动的战术。

在巴顿果敢巧妙的指挥下，它们大胆地快速穿插，一下子就打到了第五步兵师的背后。

经过一阵"激战"，巴顿的坦克部队"摧毁"了"敌方"的兵力，捣毁了"敌指挥部"。

第二阶段的演习在路易斯安那州举行。巴顿所属的集团军的任务是攻取施里夫波特。

9月27日，进攻开始。

巴顿对自己的部队下达了作战命令，巴顿说："无论如何我们也要拿下这座城市，我们要从后方攻下它。"

巴顿他们采取了600多公里的包抄行动，又向东推进约20公里，穿过卡多湖沼泽地，最后成功突破了"敌军"密集的反坦克防线，到达预定的地点。

演习的高潮是"卡罗来纳州战役"。

11月15日，演习开始的那一天，报纸上铺天盖地的都是这样的标题："今天将考验对付坦克的办法，杜莱发明了秘密的防御办法。"

原来这个杜莱对坦克部队根本就没有放在眼里，他认为自己可以一举将巴顿的坦克部队打垮。

演习开始了,一开始杜莱就吃了败仗。完全可以这样说,杜莱的秘密防御办法,在巴顿恶作剧似的行动面前,几乎完全失灵。

这一次,巴顿自作主张,让第二装甲师把目标锁定在杜莱一个人身上。

不到一个小时,演习指挥部收到"前线"发来的一份电报,原来对方的杜莱中将被"俘获"。

这是多么令人惊奇而又精彩的结局啊!

前来观战的马歇尔将军欣喜地说:"美国的坦克装甲部队一定会成为有'沙漠之狐'美称的德军将领隆美尔的克星。"

有了这样的结果,可想而知,不久,巴顿再次获得晋升,接替斯科特担任了第一装甲军军长。

只要能参战甘愿当少尉

　　1941年12月7日7时55分,从航空母舰上起飞的日本轰炸机对集结在珍珠港海军基地的美国舰队,进行了密集突击。

　　顿时,珍珠港内火光冲天,无辜的人们在炮火下哭泣奔跑,一派凄惨的景象。

　　其实,巴顿对于这次袭击,可以说早就有一定的预言,只是没有得到当时美国人的重视。

　　巴顿曾经在夏威夷军区担任过情报处长,他当时就曾写了一份报告,论述了未来太平洋可能发生的风波,还有夏威夷群岛在太平洋的战略地位。

　　巴顿一针见血地指出,日本对珍珠港发动突然袭击,既是潜在的危险,也是可能发生的事。

　　巴顿当时就认为,这样一次袭击将对美国造成很大灾难。

　　但是,巴顿的警告当时没有也不可能引起有关方面的重视,结果巴顿的担心现在真的变成了现实,美国为此蒙受了惨重的损失。

　　珍珠港事件迅速传到华盛顿,传遍了全世界,美国人愤怒了,后果很严重。

　　12月8日上午,时任美国总统的罗斯福身披蓝色海军斗篷,来到了国会大厦，要求向日本宣战。

从此，美国不再置身于事外，正式参加了第二次世界大战。

第一装甲军军长巴顿的血液，被战火烧得沸腾了。

在此时此刻，担任这样一个职务，巴顿深信，不久他就将被华盛顿召唤，去扮演一个他可以演得相当出色的角色。

可是，战争的召唤还没有到来，到来的却是一纸调令，他被调往加利福尼亚的印帝奥，负责创建一个沙漠训练中心。

对这项新的任命，巴顿的心理是矛盾的。

一方面他可以像 23 年前那样为战争训练装甲人员，另一方面他担心在挑选战斗指挥员时，他这个在沙漠里的将军将会被人遗忘。

其实，马歇尔对巴顿的安排是经过深思熟虑的。

当时，北非的战事十分吃紧，号称"沙漠之狐"的德军统帅隆美尔卷起的大漠风暴，几乎要吞噬掉整个北非。

马歇尔判断，美军一旦投入对德作战，第一个任务必然是支援英军，遏制"沙漠之狐"的行动。

因此，需要为进行沙漠作战做好细致而艰苦的准备工作。在马歇尔眼里，承担这一任务的最佳人选无疑就是巴顿。

巴顿因为不知道这些，而感到疑虑，但这种疑虑也促使他以加倍的工作热情去完成这一新的任务，以便给在华盛顿的、他命运的主宰者们造成一种印象，自己对这场战争来说是必不可少的。

巴顿在印帝奥精心选择了一块沙漠演习区。这是一块占地 40 多万平方公里的沙海，地形、气候均与北非酷似。

巴顿将在这里培训准备奔赴战场的美国装甲部队的核心，受训的是第一装甲军和第二、第三集团军的部分部队，共约 8000 人。

在印帝奥，巴顿对受训部队进行了酷似实战，而且近乎残酷的严格训练。

受训人员每天只供应最低的配给定量，包括每人每天只有一壶水，这是一次极大的考验。

一天下来，受训官兵又热、又累、又饿，可巴顿还要军官再跑一公里路，自己则跑一公里多一点。

官兵们对这种超负荷的训练叫苦不迭，牢骚满腹。

但巴顿坚持认为，平时多流汗，战时才能少流血。他自己总是吃苦在先，处处身先士卒。

这一切，士兵们看在眼里，铭记心底，无不为他的模范行动所折服，并对他表示格外的敬重，可谓言听计从，从不讨价还价。

1942年春，巴顿接到华盛顿方面打来的电话，准备让他指挥一个师去参加真正的战斗，问他是否愿意放弃训练部队的指挥权。

听了艾森豪威尔的问话，巴顿愣了一会儿。

巴顿斩钉截铁地回答道："艾克，假如我能参加战斗，我甘愿当一名少尉。"

巴顿的回答令艾森豪威尔十分满意，尽管这种感情溢于言表的回答是他早就预料到的。

然而，正当巴顿热情似火准备出征的时候，事情又起了变化。

马歇尔突然做出了新的决定，暂不派遣美军参战，迅速向英军提供300辆坦克和100门榴弹炮，以解燃眉之急。

巴顿的心情一下子几乎降到了冰点，他只好沮丧地返回了印帝奥。

巴顿不知道马歇尔为什么会改变决定，难道他也不相信自己了？自己还有没有参战的机会呢？

一个又一个的为什么，不时地困扰和折磨着巴顿。

不过，军队的生活，不允许他有太多的思考时间，而且想也没有办法，所以巴顿只好再次进入等待状态之中。

在等待的日子里，巴顿更加全身心地投入到士兵的培训之中，期待着那一天的到来。

指挥"火炬"西线特遣队

1942年11月7日,当时夕阳西下,余晖满天。第二次世界大战的炮火还在世界燃烧,世界正在盼望美国军队的早日加入。

这时,摩洛哥的人们从无线电广播里收听到一句不断重复的暗语:"罗伯特到来!"

这是英国广播公司对被轴心国占领的国家的广播中都经常穿插的一种简短的讯号。

当然一般人不知道,这其实是一种密语方式,他在告知这些国家的地下反纳粹武装,准备迎接预定的作战计划。

摩洛哥原是法国殖民地。第二次世界大战开始后,法国向德国法西斯倒戈投降,摩洛哥接受了法、德双重的"和平"统治。

现在,罗伯特要来解放这片土地了。

那些摩洛哥地下武装成员纷纷猜测,电波里代号"罗伯特"究竟是谁呢?

罗伯特,其实就是巴顿,同时,也是同盟国秘密拟订的"火炬"作战计划的代号。

"火炬"计划的目的是派出一支特遣部队在北非登陆,建立一个战略据点，为今后反法西斯的大反攻做准备。

"火炬"作战计划的酝酿和筹划经历了近半年时间。

"火炬"计划的登陆地点选定在法属阿尔及利亚和摩洛哥，这方面，英美分歧较少。

但在具体登陆地点上，双方却各执己见。

英方主张部队应全部在地中海沿岸登陆，迅速抢占突尼斯，美方则坚决主张在卡萨布兰卡登陆。

经过激烈讨论，最后采取了一个折中的方案，双方决定分三路在法属北非登陆。

巴顿指挥西线特遣部队，由美国本土出发，横渡大西洋，在卡萨布兰卡登陆，弗雷登道尔指挥中线特遣部队，在奥兰登陆，赖德指挥东线特遣部队，在阿尔及尔登陆。

3支队伍，只有巴顿的这支特遣部队，没有一个英国人，全部是美国人，而且兵员输送也要靠自己。

不仅如此，巴顿所面临的敌人，将有20万人，而他自己只有4万人，为此，他需要好好谋划一下，特别是要和运送自己队伍的海军将领进行商议。

海军少将亨利·休伊特的个性同巴顿截然相反，巴顿火气旺盛，容易发怒，可谓非常情绪化的人物，而休伊特则温文尔雅，审慎得甚至有些迟钝。

休伊特慢条斯理的劲头，让巴顿十分反感。海军少将手下的那班参谋，又不断地插话，翻来覆去地强调远征的不利因素，更让巴顿怒不可遏。

巴顿一向是蔑视困难的，对其他军种为完成支援任务所面临的困难，他从来都是过低估计的。

此时此刻，巴顿把海军的正当担忧当成了一种破坏，他渐渐地失去了耐心，开始大发脾气，协商不欢而散。

休伊特将军找到海军金上将，金上将立刻将此事向马歇尔汇报，正式要求撤换巴顿。

马歇尔只好向休伊特和金上将作了解释，他保证，巴顿的脾气绝不会影响军事行动，相反倒会有助于战役的胜利。

最后，马歇尔表明了自己的态度，他认为，对于"火炬"战役来说，巴顿是不可或缺的。

休伊特是个能顾全大局的人，他勉强同意与巴顿继续合作。在合作中，两人增进了了解，配合日益默契。

双方取长补短，一对冤家成了真挚的朋友。最终使这次史无前例的远征取得了辉煌的成功。

在这段插曲之后，"火炬"计划也进入了最后阶段。现在，弓成满月，箭已上弦，就等着"火炬"燃烧的那一天了。

想到自己马上就成为第二次世界大战中率军出征的第一位将军，巴顿心中充满了喜悦。

巴顿希望这是一次激烈的战争，希望每一个从战场退下来的人，都觉得这是一场难得的经历。

可以说巴顿一生中最想要的，就是领导一群人打一场艰苦卓绝的大仗，看起来，这个机会来了。

如今巴顿已经56岁，这是一个使人拥有镇定心态的年纪。巴顿觉得，死亡像羽毛一样轻，而勇敢的名誉却重如泰山。

出发之前，巴顿做好了一切必要的准备，他去晋见了总统、拜访了陆军部长史汀生和参谋长马歇尔将军。

10月21日，巴顿赶到沃尔特·里德医院，向老将军潘兴辞行。

临告别时，潘兴祝福巴顿一帆风顺，取得胜利。想到与老将军之别也许是一去不复返了，刚强的人也不禁黯然神伤。

这个世界上，让巴顿最放心不下的，就是比阿特莉丝了。

但是，战争这个怪物，却会捣毁人的家园，拆散人们的家庭，破坏别人的幸福。

此刻的巴顿，深深地感到和平的珍贵。

现在，为了保住众多的家庭及其幸福的日子免遭破坏，也为了比阿特莉丝，巴顿就要拿起武器去消灭战争了。

为了做好奋战到底的打算，巴顿还专门准备了一封给自己妻子的信，交给了自己的表哥。以备万一自己阵亡了，好由表哥转交给自己的妻子。

巴顿他们的舰队是在24日上午8时10分驶离诺福克港的，出港时一切都是那样的准确、高效，井井有条。

舰队排成纵队穿过了水雷区，驶出波涛汹涌的海峡，在海峡里，巴顿他们加入了5列纵队中由奥古斯塔号打头的那一列。

舰上的伙食太棒了，巴顿简直从未见过，他甚至担心自己会发胖。

每天早晨巴顿都做大量锻炼，包括引体向上和在巴顿的船舱里原地跑步480步相当于25%公里。

每天早上，大家在各自的战斗岗位扎上皮带，戴上钢盔。

巴顿也一样，每天都非常认真地执行，然后巴顿攀上升旗台，直到第一抹阳光闪现才下来，再读一会儿《古兰经》，他感觉这是一本有趣的好书，接着就开早饭了。

其实巴顿的心很沉重，他知道这次战斗对他来说非常重要，而且他又有很多顾虑。

巴顿凭着血性和一时之勇，在总统和参谋长面前已夸下海口："不成功便成仁！"但巴顿对怎样成功、怎样成仁也不甚了了。

温文尔雅的亨利·休伊特海军少将走近忧心忡忡的巴顿。他轻轻地拍了拍巴顿的肩膀:"老弟,不用担心,上帝会保佑我们的。"

巴顿转身微笑,在他内心深处,深深地敬佩这位身材魁梧、举止端庄、谦让平和而又原则性极强的搭档。

虽然在合作开始之际,巴顿那臭名昭著的坏脾气在两人之间造成了不愉快,但几次开诚布公的交心之后,他们都了解了对方。

共同的利益和美国的尊严使这两位陆海军指挥官配合默契,如同一个人一样。

虽然海军的支持给巴顿以很大的鼓舞,但是,摩洛哥沿岸天气变幻莫测的预告又加重了巴顿的焦虑。

11月4日以来,巴顿一直担心天气变坏。因为海上突然刮起西北风,而且风势越来越猛。

风浪惊人,深蓝色的海水好像成了墨水,每一次冲浪,都好像要把人整个儿吞下去似的,扫雷舰一类的船只左右倾斜已达42度。

11月6日,离规定时间只有两天了,但天气变得更为恶劣,转好的希望十分渺茫,人们对登陆的可行性议论纷纷,巴顿也举棋不定。

如果天气不转好的话,巴顿就应采取应急措施,易地登陆。

巴顿极为紧张地思考着,他那如精密仪表般精确的大脑一直在夜以继日地工作。

巴顿努力使自己相信,11月8日的天气会转好,美军能够顺利上岸。在奥古斯塔号上,有两个人的话使巴顿的心放宽了。

一位是巴顿的外交顾问保罗·卡伯特,卡伯特曾在摩洛哥久住,他深知摩洛哥的天气反复无常。

卡伯特充满信心地安慰巴顿:"我相信,长官,浪涛不会给登陆造成太大的困难。"

另一位是美国海军气象专家斯蒂尔海军少校。他在华盛顿时就以自己的才能赢得巴顿极大信赖。

恶劣的天气使艾森豪威尔将军也产生了疑虑。他的参谋人员又拟订了几种应急计划。

但巴顿表示，无论多么困难，他都将按原计划执行。

巴顿就是这样一种人，在生命的极点，客观地讲，在已完全不可能的情况下，主观上还要做最后一搏！

巴顿提前两天已给全体官兵做了简短的战斗动员，他要采用铁腕战略，即行动方向和步骤一旦决定就严格执行。

但在战术上要灵活，要攻敌弱点，要揪住他们鼻子照下裆猛踹。

再过40个小时战斗就要打响。情报很少，时间紧迫，而巴顿却必须作出最重大的决策。

不过巴顿却是那种不怕抉择的人，敢做大事的人，他相信责任越大，思路就越广。

巴顿的一生仿佛都凝聚在这一时刻。他深知，决定一旦作出，自己将被推向命运之梯的又一级台阶。不管如何，只要尽职尽责了，剩下的就听天由命吧！

攻占卡萨布兰卡

1942年11月7日,离抢滩登陆的时间越来越近。下午,巴顿向他的全体部下发布了一个书面命令,命令这样写着:

士兵们:

我们正在前往西北非海岸登陆的途中。我们将受到祝贺,因为我们是被选入参加这次壮举的最适合的美国陆军。

我们的任务有三项:

第一,强占滩地阵地;

第二,占领卡萨布兰卡;

第三,进攻德国人,不管他们在哪儿,都要摧毁他们。

全世界的眼睛都在注视着我们。上帝与我们同在,胜利一定属于我们。

巴顿

11月8日凌晨1时30分，正值阿尔及尔登陆特遣队开始登陆的时刻，巴顿在舰艇甲板上听到了由英国广播公司播出的罗斯福总统熟悉而又响亮的声音。

罗斯福总统的声音，宣布了登陆的开始。

可是，这让巴顿心中不快，因为美国决策机关没有接受他延迟广播总统讲话的时间。

事实上，巴顿他们两个半小时之后，才能开始登陆，天晓得这会给他的行动增加多少麻烦！

两个小时后，巴顿的庞大舰队渐渐靠近海岸线。特遣部队进入战斗前的紧张准备。

包括西线特遣部队在内的3支特遣部队的地面部队，由巴顿少将指挥，司令部是按一支集团军的规模结构设立的，登陆后称为第五集团军司令部。

西线特遣部队由3支特遣分队组成：卢西安·特拉斯科特少将指挥北线特遣队在利奥特港登陆，乔纳森·安德森少将率领中央特遣队在费达拉登陆，欧内斯特·哈蒙少将指挥南方特遣队在萨菲登陆。空军部队由约翰·坎宁安准将指挥。

萨菲是位于卡萨布兰卡以南24公里的一个小镇，这里有一个小型的人工港口。

法军有400人驻守，用130毫米的岸防炮封锁入港处，他们已经接到上级加强戒备的命令。

哈蒙少将组织部队分批登陆，4时38分，登陆艇接近海岸，在美舰猛烈炮火的掩护下，部队顺利登陆。

担任穆罕默迪亚进攻的行动遇到较大挫折，穆罕默迪亚位于卡萨布兰卡以北约80公里，靠近利奥特港机场，控制了它就可以掌握卡萨布兰卡的制空权。

巴顿亲自掌握中央突击队进攻费达拉地区，这是"火炬"战役的重点，由第三师、第二装甲师第六十七装甲团第一营以及从12艘运输舰上登陆的特种部队共1.9万名官兵发起进攻。

费达拉距卡萨布兰卡以北24公里，这里的港口是摩洛哥在大西洋沿岸唯一设备良好的港口。

第三师的任务是在费达拉港附近登陆并建立滩头阵地，然后向南进攻卡萨布兰卡。

法军在这里的兵力部署十分严密，密集的岸炮和野炮群扼守着海滩地带，对美军选择的4个滩头构成了火力封锁。

地面部队有数千人，海面上还有一支较大的法国舰队助阵，形势对美军十分不利。

美军原先想得到法军的礼遇，派出了代表与法军司令部谈判，要求他们放弃抵抗。

然而得到的答复却是不肯屈服和隆隆的炮声，在浓密的硝烟中美国军旗遭到炮火的毁坏。

特别是驻守卡萨布兰卡的海军少将，是个忠实于纳粹的将军，这位少将正在生气，因为他竟然没有在自己海空巡逻范围内发现如此庞大的军舰群，而这支舰队在刹那间开到了自己眼前！

威尔克斯号引导着4艘舰船抵进进攻发起线，登陆部队立即从运输舰下到登陆艇，向海滩进发。

在登陆过程中，有20多只登陆艇翻沉，不少士兵落水而死，各个编队之间失去联络，情况非常糟糕。

登陆部队的行动终于被发觉，法军立即用重机枪和大炮表示"热烈欢迎"。

6时左右，部队恢复了秩序，冒着炮火抢占登陆点瓦迪内夫夫克小三角湾，步兵十五团登上蓝色二号海滩，第三十团的先头部队则登上了红色一号海滩。

这时，布隆丹桥上的舍基堡和费达拉角上的大炮分别向两处海滩凶狠地倾泻弹雨。

为了掩护大部队顺利登陆，休伊特海军少将命令舰炮一齐开火，顿时把敌军大炮打成了哑巴。

舰载飞机也一批一批地飞临卡萨布兰卡上空，实施轰炸和扫射，完全控制了这一地区的制空权。

8时，是巴顿预定的登陆时间，他的登陆艇正在吊架上，装载着他的全部行装，准备下水。

正在此时，有7艘法国军舰从卡萨布兰卡港冲了出来，它们以猛烈的炮火向美舰和登陆艇射击。

奥古斯塔号立即加速前往拦截。

不料，当它的主炮开火齐射时，将巴顿的登陆艇的底部一下子震垮了，全部用品哗啦啦掉入大海，巴顿无法登陆了。

巴顿目睹了有生以来从未见过的精彩激烈的一场海战。

在巴顿的心目中，只有骑兵才是真正冲锋陷阵的斗士，只有坦克部队才有摧枯拉朽的威力。

而眼前，他看到几十艘庞大的钢铁舰船在辽阔的海面纵横驰骋，不由得巴顿对海军开始刮目相看，并产生由衷的敬意。

一场海上恶战持续了5个小时，以美军的胜利宣告结束。巴顿于中午12时42分开始登陆。

当巴顿的登陆艇离舰时，水兵们挤在舷栏边向巴顿欢呼。巴顿在13时20分上岸时，浑身早被海浪打得湿透了。

前方还有许多仗要打，而他的枪里连一颗子弹也没有。

这时，巴顿得到哈蒙的消息，萨菲已经拿下，特拉斯科特将军也已开始向纵深方向发展进攻。

情况似乎在一步步地转好，可巴顿来到岸上之后，却发现费达拉滩头根本不是那么回事。

"我们看到的情况非常糟糕。"巴顿后来写道。

当时，虽然船只不断地驶来，但是卸货之后，却没有人把船推开。

法国的飞机在低空扫射，美国士兵只能在枪炮还比较远时就躲开隐蔽，这样就耽误了卸货工作的进行，特别是弹药的卸货。而在这个关键的时刻，弹药的充足与否是具有决定性的。

安德森的部队经过一场激烈的战斗之后也进入了巩固阵地阶段，这并不是由于没有向前发展的机会，而是因为缺乏支援武器、车辆和通信设备。

此时，对法军的劝降工作严重受挫，法国的米什利埃将军不合时宜的虚荣心使他拒绝投降。

由于岸上通信工具普遍发生故障，巴顿既得不到萨菲的消息，也不知道梅赫迪亚的消息。

看来只有各自为政了，巴顿心中突然冒出了这样的念头。

巴顿判定，运输供给是赢得这场战争的关键，他决定亲自过问这件在别人看来是次要的事情。

11月9日一大早，巴顿穿着一身漂亮的军装，精神抖擞地站在海滩上。

巴顿满面怒容，威武可怕。在海滩上他一边指挥，一边亲自推船，干了整整18个小时，浑身上下都湿透了。

巴顿坚定的话语，那神情自若的姿态，给美国士兵以极大的力量。

在部下眼中，巴顿好像是一头发怒的雄狮。

奇迹出现了，经过巴顿一天的指挥，西线费达拉海岸的官兵们精神为之一振，各种物资也源源不断地运上了岸，阵地有条不紊了。

巴顿对自己这一天的工作十分满意。他后来回忆这一天时写道："我认为，自己对于最初登陆的成功，起了相当大的作用。"

巴顿感到，在整个摩洛哥战役中，这是唯一值得提起的一段插曲，可以用来证明他的亲自干预有一定的价值。

11月9日，终于传来了萨菲和梅赫迪亚的好消息。这两支部队都取得了很大进展，而巴顿在费达拉却无计可施。

10日，巴顿下定决心，对卡萨布兰卡发起全面进攻，迫使它投降。

在当初拟定"火炬"行动之时，艾森豪威尔曾许诺，如果其他方法均不能获得成功，可以威胁从空中轰炸和从海上炮击迫使卡萨布兰卡投降，而且在必要时把威胁变为行动。

但同时明确规定，巴顿在采取这一极端行动之前必须向他请示，并得到他的明确同意。

此时此刻，巴顿已顾不得许多，他决计来个先斩后奏。

巴顿下达命令，要求休伊特海军少将在奥古斯塔号上准备好炮火，麦克沃将军在突击队员号航空母舰上准备好轰炸机，安德森则做好地面进攻准备。

同时，巴顿命令第三师的前锋迂回到卡萨布兰卡的东南角，做好战前侦察和突击准备。

一切安排妥当，巴顿决定，11月11日上午7时30分发动进攻。

11月11日凌晨4时30分，一名法国军官来报，拉巴特的法军已经停火。

参谋部所有的人都主张取消这次进攻，可巴顿坚持要打。

巴顿还记得1918年巴顿过早停止进攻的教训。

巴顿让那名法国军官到卡萨布兰卡转告守将米什利埃海军上将，如果不想被消灭就立即投降，一旦开战，巴顿就不会再劝降了。

巴顿又给休伊特将军传话，如果法军在最后一刻放下武器，巴顿将通过电台发出停火信号。

那时是5时30分，然而刚刚一个小时，敌人就投降了。

几乎就在敌人投降的同时，巴顿的轰炸机已飞临目标上空，战舰也正准备开火。

巴顿命令安德森率军进城，如遇抵抗立即打击。

虽然没有人阻挡他，但从7时30分至11时这几个小时，是巴顿一生中最漫长的时刻。

11月11日14时，米什利埃将军和诺盖将军来谈投降条件。

巴顿首先对他们的明智选择表示了自己由衷的祝贺，最后巴顿还和他们庆祝了一下。

不过接下来的日子，巴顿感觉并不多么好受，因为巴顿他们只能驻扎在摩洛哥。

驻扎的意思就是等待，在战争中等待，也许是巴顿最难熬的日子，除了经常和摩洛哥国王聊天之外，他实在找不到什么有趣的事情。

巴顿感到非常不痛快。

坦然应对敌军空袭

　　1942年12月19日，是摩洛哥的重大节日羊节。
　　虽然这是在战争时期，但是既然摩洛哥还算太平，就还要举行，毕竟这是一种民族心理。
　　当时的摩洛哥国王邀请了驻扎在自己国家的军队首长，其中当然少不了巴顿，另外还有各师师长，以及40名官员。
　　羊节的开幕仪式在王宫举行。
　　不过巴顿却没有多少心思花费在这方面，他渴望自己能够早日进入战争之中。
　　巴顿和法国的诺盖将军站在同一辆车上检阅仪仗队，这是一辆卸掉顶篷的侦察车。
　　仪仗队的英姿令群众大开眼界，巴顿听到阿拉伯人的阵阵欢呼声。
　　后来，摩洛哥国王出来时，更是引起了所有阿拉伯人振臂欢呼，外国官员也纷纷敬礼。
　　这一部分表演一结束，国王回宫了，巴顿很快也走了。
　　差不多两个月了，巴顿天天真的很心急。

然而，1943年1月1日一大早，巴顿他们首次遭到空袭。大约3时15分，三枚炸弹最先炸响，把巴顿从沉睡中惊醒。

巴顿在屋子中央点上灯，拉上窗帘，穿了几件衣服，5分钟后上了房顶。铅云低垂，仅有700多米高，风雨交加。

巴顿让所有的探照灯都打开了，光柱仿佛正不断在云层中刺出一个个大洞。

高射机枪霎时密集开火，弹道像萤火虫划破晨空。

5分钟后，一团夹杂着章鱼触角般火舌和火球的巨大闪光突然出现，耀眼的火光持续了约10秒钟，其间并未发生什么事。

随即，巴顿听见了刺耳的飞机引擎声和即使看不见飞机也会实射的高射炮的开炮声。

噪声持续着，不久有一架四引擎轰炸机迎面从巴顿们的房顶掠过，同时也被两道探照灯光罩住。

几乎所有附近的高射炮立即向它开炮，横飞的弹道映衬着它的黑影，一团团随即变成黑烟的白炽色的爆炸将它包围。

尽管这架敌机的高度不超过600米，也许正因为这个高度，它全身而逃了。有人认为它被击中了，可巴顿觉得没有。

巴顿还能听见云层外别的飞机声和不时的轰炸声。

一块弹片下落时从巴顿身边呼啸而过，不过巴顿的屋子幸亏不在弹片群的辐射区内。

巴顿派军官们到各处了解情况，不久他们就纷纷打来电话。防务一切正常，这让巴顿宽心了不少。

大约在凌晨4时45分的时候，巴顿听见一架轰炸机从自己的屋顶飞过，他凭声音判断，这架飞机应该是四引擎的。

因为这架飞机飞得实在太低、太大胆，所以强烈吸引了地面的全部火力。

巴顿几乎敢断定，这架自鸣得意的飞机在朝欧洲方向消失前，至少被美军的炮火击中两次。

这架飞机刚逃跑，巴顿又听到，有一个炸弹波在一个高射炮连附近响起。

巴顿的副官斯蒂勒中尉立即前去打探爆炸的确切位置和伤亡情况，结果大家都安然无恙。

随后，一切都安静下来了，巴顿觉得空袭显然已过，于是就回去睡觉了。

谁知道，大约5时30分，空袭又来了，还没来得及躺下的巴顿，又再次来到屋顶。

轰炸声此起彼伏，巴顿的炮兵和海军舰艇的防空火力也异常猛烈，场面比想象中盛大的美国独立日庆典更为壮观。

此时乌云已经消散，一架敌机在巴顿他们前方约1200米高的上空被探照灯盯住，惹发地面的阵阵狂轰。

可它突然下降了1000多米，得到了地面所有方向的火力关照。

但这架飞机竟然从火力网中直蹿出去继续轰炸，约飞行了4公里后来了个倒栽葱，几乎扎进海里。

当时它的一两个引擎已冒起浓烟，眼看就要完蛋，可在逃到海面前竟然消失在了烟雾中。

等天一亮，巴顿就立即去了解突袭后的情况，并同士兵们进行了交谈。

士兵们表现很镇静，一名炮兵说，一枚炸弹在50米外爆炸，他们班一个人也没被炸死，只不过被泥块和石块擦伤了。

轰炸留下的弹坑约有普通卧室那么大，每个弹坑里都有许多弹片。巴顿幸运地搜集到了一些弹片，以此推知敌机的弹型和引擎。

尽管敌人投下了大量炸弹,但巴顿手下一个人也没有死亡,就是炸伤的也很少,他们可真是太幸运了!

但是那些阿拉伯人可没这么幸运,至少有10个阿拉伯人被炸死,而且伤的更多。

10时,巴顿把全体飞行员和高炮部队军官召集起来开了个会,商讨防空计划并作必要调整。

巴顿表示,对现行防御体系还算满意,但还需要作一些改进。任务分派下去以后,很快这些改进措施就完成了。

但是,巴顿现在想要的,不是这种在防御阵线后的生活,而是激情燃烧的战斗。

参与赫斯基计划

1943年1月中旬的时候，美英两国重要首脑齐聚卡萨布兰卡，召开重要会议。

参加会议的除了罗斯福和丘吉尔，还有主要的军事顾问团。

这次会议确定了1943年的作战方针，打算下一步重点进攻意大利的西西里岛。

这次战役被命名为"赫斯基"，巴顿的老朋友艾森豪威尔被任命为盟军总司令。

巴顿以东道主的身份接待了这次会议，他把各项工作安排得周密而细致，使全体与会者感到十分满意。

2月2日，艾森豪威尔给巴顿下达指示，要求他立即着手改编西线特遣部队，后来被叫作第一装甲军，并开始筹划"赫斯基"战役的有关准备事宜。

知道自己即将参加"赫斯基"计划，巴顿在拉巴特连夜改编西线特遣部队，并动员参谋人员开始为"赫斯基"战役拟订计划。

然而，情况发生了突变，德军统帅隆美尔忽然来到了突尼斯，他的到来，使盟军遭受了重大打击。

在危机情况下，艾森豪威尔决定让巴顿去突尼斯，以挽救可能在再次攻击之下而瓦解的第二集团军。

1943年3月5日下午，巴顿和艾森豪威尔会面之后，领受了自己的任务，接管第二集团军，整顿它的士气，接受英国亚历山大将军的直接指挥。

当天下午，巴顿飞往君士坦丁堡到亚历山大将军的第十八集团军群司令部报到。

亚历山大将军对巴顿充满了好感，巴顿对他的新上司也很满意，他对亚历山大将军十分尊重。

巴顿的主要任务就是全力吸引和牵制德军兵力，并夺取加夫萨，为蒙哥马利提供前方补给基地。

马上就要和隆美尔这样的强劲对手作战，巴顿感到异常兴奋。

前不久，他曾在艾森豪威尔的司令部对海军中校布彻慷慨陈词："我们一抵达北非，我就看出隆美尔将在突尼斯加紧攻势，并盼望与那个厉害的杂种厮杀一场。"

巴顿感到愿望很快就要实现了，浑身充溢着一种说不出的冲动和快感。

但令巴顿遗憾的是，他的部队不是主力，而是给蒙哥马利当配角，心中老大不快。

第二天，巴顿率领手下，开着一队侦察车和架着机枪的半履带车，急速地驶向设在库伊夫山的第二军司令部。

巴顿显出一副令人生畏的面容，头戴两颗星的擦得锃亮的钢盔，下额露在钢盔带外面，就像一个战车驾驶员一样，站在装甲车上。

车队呼啸着开进那个满是土屋的破烂村庄，只见高高的天线在车顶上不停地摇晃着，喇叭的尖叫声把受惊的阿拉伯人从泥泞的街道上吓走了。

就连那些当兵的，为了避免泥水溅到身上，也急忙躲进最近人家的门口。

就在巴顿赴任的这一天，隆美尔发动了梅德宁战役。但是隆美尔遭受重大挫折，被赶回马雷斯防线。

隆美尔遭此打击之后，一气之下，于3月9日借口养病返回欧洲去了。

隆美尔的突然离去，使巴顿认为自己遭受到一次重大挫折，一种失去对手的失落感油然而生，不免扼腕浩叹。

本来进攻日期是3月15日，但亚历山大为使它更接近第八集团军预定攻击时间，便推迟到17日。

巴顿对英军的保护主义和唯我独尊十分反感，但想到艾森豪威尔的嘱托就忍了下来，他准备通过侧翼的佯攻来帮助蒙哥马利突破马雷斯防线。

巴顿率领第二集团军于3月17日向两个目标发起了进攻。艾伦的第一步兵师占领了加夫萨，18日，又占领了盖塔尔。

沃德的装甲部队也夺取了斯塔欣和德塞内德，并做好了向马克纳赛展开攻击的准备。

第二集团军的进攻十分顺利，21日攻占了塞内车站，22日占领了马克纳赛。

23日，巴顿命艾伦率第一步兵师沿加夫萨—加贝斯公路向前推进，在早晨6时，他们与德军第十装甲师约50辆坦克相遇。

在卡塞林山口战役中，第二集团军便负于他们之手，这一次第二集团军决心报仇。

战斗十分激烈，敌军发动的两次进攻都被打退了。巴顿对这次战斗十分满意，他自豪地指出："硝烟一散，我没有看见一个美国士兵放弃阵地后退一步。"

在马克纳赛以东地区，第一装甲师受地形条件等的限制，未能取得较大进展。

此时此刻，巴顿已将轴心国精锐的第十装甲师和一个意大利师吸引到北线来，完成了亚历山大交给的牵制德军力量的任务。

3月28日，巴顿组织部队从盖塔尔附近的阵地向加贝斯发动进攻。

巴顿以艾伦将军的第一师为左翼，埃迪将军的第九师为右翼，力求在敌人阵地中打开一个缺口，以便为沃德将军的第一装甲师投入攻击打开通道。

德军十分清楚，退让就意味着轴心国北非战线的全面崩溃，所以拼死抵抗，战斗十分惨烈，双方损失都很惨重，美军只取得极少进展。

30日，巴顿命令部队暂停进攻，进行休整。

4月6日，巴顿接到命令，要不惜一切代价夺取396高地。

然而，第二天早晨7时45分，巴顿又接到命令，让他尽最大力量援助英国第八集团军。

巴顿不喜欢亚历山大将军那种牺牲美军为英军胜利铺路的做法，但为了顾全大局，他接受了命令。

巴顿从第一装甲师中抽出精锐，组成由本森指挥的特遣队，再次发动猛攻。

战斗打得很残酷，双方伤亡人数不断增加。

可是这时巴顿却不顾个人安危，亲临前沿指挥。当部队被德军的地雷区阻住去路之时，他毅然驾驶吉普车在前开路，穿过雷区。

巴顿的英勇精神感染了所有的坦克兵们，他们也表现得非常勇敢，很快，突击队与蒙哥马利第八集团军的先头部队会合了。

经过 22 天的血战，美军在盖塔尔战役中，取得重大胜利。

巴顿下了一道总嘉奖令，满怀激情地表彰了第二军将士的战斗精神和辉煌战绩。

盖塔尔战役的胜利，大大帮助了蒙哥马利对阿卡里特河阵地展开正面突击。这时可以说离整个突尼斯战役的胜利已经不远，德国非洲军团即将走向末路。

巴顿希望赶快进入战斗，结束非洲的战斗，可是，4月16日，马歇尔亲自给巴顿打来电话："你已经圆满完成了任务，证明了我们对你的信任。"

艾森豪威尔在两天前，还专门来到盖塔尔，他对巴顿说："乔治，你该回头去搞赫斯基战役了，这里有人会接替你的。"

打响西西里战役

"赫斯基"计划虽然早就提出来了,但是却一直没有真正成形,因为他一直在进行更改,一直在进行酝酿。

特别在后期,英国将军蒙哥马利的出现,致使整个计划都做了改变。

蒙哥马利是第二次世界大战中英国的民族英雄,他在英国人民殷切期待之下应运而生,成为人们心中尊敬的将领和崇拜的偶像。

蒙哥马利以他那特有的执拗更改了计划,即巴顿在巴勒莫登陆的计划被取消。

很快,新的计划出台了,这一次的计划,完全是按照蒙哥马利的意见修改的。

但是新的计划对美英两军的作战是不公平的。当时几乎所有的人都认为,蒙哥马利的做法不妥。

亚历山大心情紧张地向巴顿下达改变后的命令,他担心巴顿会有异常的反应。

不过还好,巴顿两个脚跟一碰,对征求他意见的英国上司行了个礼,只讲了一句话:"将军,我不搞计划,我只服从命令。"

巴顿在盟军中赢得了大批同情者，尽管条件不佳，但大部分都认为他能占上风。

1943年5月中旬，盟军最高司令参谋部最终确定了战役实施计划。

英国的第八集团军在西西里岛东部近50公里宽的正面登陆，美国第七集团军在南部110多公里宽的海岸登陆。

万事俱备，大战在即。

7月5日，巴顿秘密登上海军中将休伊特的新旗舰"蒙罗维亚"号。

他的部队将由休伊特指挥的三支分舰队负责运送，它们的代号分别为"菩萨"、"角币"、"分币"。

巴顿随第一师去杰拉，空降兵第八十二师作为战略预备队。

巴顿和休伊特两位老战友再度相逢协同作战，又高兴又激动，休伊特热情地款待了巴顿，并表示他将永远把第七集团军与海军联系在一起。

7月8日傍晚，部队集结完毕，一切准备全部就绪，如箭在弦，一触即发，可是在9日早晨，刮起了大风。

休伊特四处寻找巴顿，他想推迟登陆。巴顿咨询了气象学专家斯蒂尔海军少校。

这位气象学专家满有把0握地回答道："我敢担保，到22时，风就会平息下来。"

22时30分，只比预测晚了半个小时，海平静下来了，当"蒙罗维亚"号来到西西里岛的海岸时，风几乎停了。

巴顿梦寐以求的时刻到来了，所有人员都集合在甲板上，巴顿发表了简短讲话。

海军向巴顿赠送了一面美国第七集团军的新军旗，这是除海军将领外得此荣誉的第一人，巴顿流下了激动的泪水。

1943年7月10日凌晨2时45分，西西里战役开始了。

空降部队首先发动攻击，美军第八十二空降师和英第一空降师的5400名官兵搭乘366架运输机和滑翔机从突尼斯出发，飞向西西里岛。

10日凌晨3时45分，巴顿和蒙哥马利指挥的16万美英登陆大军分乘3200艘军舰和运输船，在1000架飞机掩护下，在西西里岛的西南部和东南部实施登陆。

海岸意军士气低落，仅进行了微弱抵抗。

至中午时分，巴顿和蒙哥马利的部队顺利地登上了各自的目标滩头，并保持着攻击态势。

夺取滩头的战斗十分顺利，3处登陆地点在一开始仅遭到了微弱抵抗。

巴顿和蒙哥马利指挥的这次登陆初战告捷，不过是整个西西里的序幕，决定性的战役还在后头。

意大利66岁的古佐尼将军是一员沙场老将，在强兵压境之际并没有惊慌失措。

古佐尼将军对形势作了冷静的分析和判断，果断下令守在尼斯切米和卡尔塔吉罗内的坦克部队，还有德国装甲部队，一起向杰拉登陆的盟军发起反击，乘他们立足未稳将其赶下海去。

8时30分，意军的坦克隆隆地向杰拉开来了，尽管它们都是一些老式的轻型坦克。

但是，由于美军的重武器还没有运到，手中的轻武器无法抵挡它们，被纷纷逼到街道两旁的楼房里隐蔽起来。

突击队长达比中校见势不妙，跳上自己的吉普车返回码头，把刚刚运到岸上的一门火炮搬到了自己的车上。然后很快转回，进行还击，终于把意军的第一次冲锋击溃了。

中午，古佐尼将军决定集中兵力夺回杰拉，意军曾一度摧毁了美军的前哨阵地，冲到接近海滩的沙丘地带。

在此关键时刻，美国海军的舰炮再次发挥威力，使敌军的几次攻势严重受挫，被迫撤退。

第一天的战果使巴顿非常满意，但巴顿也清醒地意识到，美军的当务之急是把火炮和坦克赶紧运上岸，否则，如果第二天敌人的装甲部队发动全面反攻，后果将不堪设想。

因此，他命令第二装甲师和第十八团迅速做好战斗准备，并决定第二天亲自登陆指挥作战。

结果正如巴顿预料，古佐尼将军下达了命令，天一亮就对杰拉发起突击。

6时40分，德军中型坦克冲破了步兵第一师第二十六团第三营的阵地，正在向美军的纵深发展。

还好巴顿亲自出马，指挥战斗，终于抵挡住了敌人的进攻。这天巴顿在火线上连续指挥了9个小时。

7月12日，巴顿的第七集团军继续稳步推进，在以后的3天时间里，陆续攻占了科米索、比斯卡和蓬蒂·奥立佛3个机场，滩头阵地的最后目标也已占领。

第四十五师占领了西西里的军事重镇、古佐尼将军的司令部所在地恩纳。

这原本是蒙哥马利第八集团军预定攻占的目标，现在却被进展快速的巴顿抢先一步占领了。

而蒙哥马利第八集团军，却让人有点失望。他们不但进展缓慢，而且一度被堵住了去路，走不动了。

一举拿下巴勒莫

英国将军蒙哥马利，是一个与巴顿性格差别很大的军事家。

所以，蒙哥马利做事过于稳重，为了不遭受失败，他即使是以让敌军逃脱为代价，也在所不惜。

正是因为这样，蒙哥马利的步伐总显得慢吞吞的。由于蒙哥马利优柔寡断，使轴心国得以调兵遣将，形成了坚固防线。

蒙哥马利选择了处于山另一侧的117号公路，打算转移主攻方向，但117号公路是美军第四十五师的通路。

怎么办？蒙哥马利施展他的通天本领说服了亚历山大。

于是一道命令传给巴顿，要他让出公路。

好发脾气的巴顿这次却一改以前的坏脾气，他竟然一言不发地无条件地执行了命令。

其实，巴顿并不是真正想给蒙哥马利一个机会，而是他看到由于他的竞争对手的迟延，他的机遇不期而至，他不想通过一次毫无意义的争吵而丧失良机。

向北的通路没有了，第七集团军只有向西进展。这时，亚历山大的政策也开始向巴顿的第七集团军倾斜。

1943 年 7 月 17 日，巴顿去拜访他，他完全替巴顿解开了套在身上的绳索，巴顿可以放手去干了。

解除了束缚手脚的枷锁，巴顿立即大刀阔斧地行动起来。

巴顿他把第三师、第八十二空降师和第二装甲师组成了一个临时暂编军，由凯斯将军指挥，对巴勒莫实施决定性的攻击。

必要时，由布来德累率领第二军横穿西西里岛中心从东面攻打巴勒莫，或有可能，折向东面攻打墨西拿。

7 月 19 日，巴顿下令，快速挺进，5 天之内拿下巴勒莫。暂编军各部队立即向前推进。

20 日，巴顿又下令组成一支特遣队，用于攻占卡斯特尔维特拉诺，并把第二装甲师调上来参加决战。

21 日，达比指挥的特遣队占领了卡斯特尔维特拉诺。22 日，达比的特遣队沿海岸线挥师西进。

第二装甲师也投入了行动，向东北迅速推进到巴勒莫郊外。与此同时，特拉斯科特的第三师强行军从科列奥奈赶到东南的阵地。

暂编军闪电般地抵达巴勒莫，使城内守军惊慌失措，根本无法组织任何有效的抵抗，投降成了唯一的出路。

凯斯将军命令第二装甲师开进城内，并指示特拉斯科特将军派第三步兵师的部队去保护重要设施以防破坏。

当晚 22 时，两名诚惶诚恐的意大利将军代表该城守军向凯斯将军表示投降。

午夜时分，巴顿乘车进入巴勒莫，凯斯和加菲在市中心的四角广场迎接他。

公路两边站满了人，他们高呼"打倒墨索里尼！"和"美国人万岁！"的口号。

巴顿进城时，城里的情景同刚才的村子差不多。在天黑前入城的军官中有凯斯将军。

市民们把鲜花放到美军经过的路上，并捧出很多的柠檬和西瓜，险些把他们撑死。

24日，巴顿返回阿格里琴托的集团军指挥所，在一座宽敞的混凝土建筑的大厅里举行了记者招待会。

巴顿笑容可掬地大步走进会场，一双蓝色的眼睛闪烁着胜利的神采。他身着一件定做的马裤呢衬衫和紧身马裤，腰间吊着一支柄上镶有珍珠的手枪。

"先生们，"他说，"我们走了300多公里的崎岖道路才到巴勒莫。我们推进速度之快，以及我们所经路途之艰难，比起德国人所经历的一切都有过之而无不及。我们没有给他们一丝喘息的机会。"

然后，巴顿向记者公布了巴勒莫作战的统计数字。俘获敌军4.4万人，打死打伤6000人，击落敌机190架，缴获大炮67门。美军在四天时间里推进300多公里，仅伤亡300余人。

亚历山大及时发来电报："这是一个伟大的胜利，你们干得漂亮极了，我向你和你的全体优秀官兵致以最衷心的祝贺。"

巴勒莫战役的胜利，在国际上也产生了巨大的反响，极大地鼓舞了同盟国的士气，并迫使墨索里尼于7月25日被迫辞职。

巴顿又一次名扬四海，人们一致肯定了他的进攻精神，还有他越来越成熟的指挥艺术。

艾森豪威尔将军也对巴顿在巴勒莫战役中的表现，进行了高度评价，他这样说："他的迅速行动很快使敌人只剩下默西纳一个港口，它挫伤了庞大的意大利军队士气，并且使巴顿的部队能够由西部进攻，以打破东线的僵局。"

攻克默西纳

巴勒莫战役结束后，默西纳迅速成了孤岛，于是拿下这个孤岛，便成了整个西西里战役中的具有决定性的一战。

巴顿的第七集团军很快就开到了默西纳面前，他希望自己能走在英国人前面，拿下这个港口城市，从而使西西里战役早日结束。

1943年7月31日，巴顿高擎自己的指挥刀，下达了进攻默西纳的命令。

布来德累将军指挥的第二军包括第一师、第三师和第九师都对巴顿的进攻给予了有力增援。

第二军从圣斯蒂劳诺到米斯特雷塔，以及尼科西亚一线，沿113号和120号公路发动主攻。

在德军寸土必争的抵抗下，巴顿的第七集团军推进缓慢，随后一周内战况的发展，把巴顿弄得焦头烂额。

8月初美军不仅未能够突破德军设置的防线，反倒遭到重大伤亡，战役计划难以按时完成。

更重要的是蒙哥马利已经取得重大进展，如果美军战况仍无好转的话，美军就得为未完成战役任务受到世界的指责，巴顿就注定成为这场竞争的失败者。

8月6日,巴顿把自己的营地移到海边一片橄榄树林中,此时已在敌军炮火射程之内,炮弹不时在山谷中爆炸,弹片呼啸地飞过树林。

巴顿策划了这次军事行动。他之所以迁移到海边,主要就是为了能就近指挥这次战斗。

巴顿命令第三十步兵团第二营改编成一支小型的水陆两栖部队在圣阿加塔以东大约3公里的海岸登陆。

8月7日夜间第二营开始进攻,到8月8日凌晨4时,业已占领阵地,把战线向东推移了近20公里,迫使德军不得不迅速后撤。

8月10日,第三师接近布罗洛,预定在布罗洛同伯纳德中校的海上登陆部队会合。

但是,特拉斯科特的前进速度不够快,无法按时抵达布罗洛,于是会同布来德累恳求巴顿推迟一天登陆。

这使巴顿心急如焚,德军似乎已经觉察出盟军的动态。同时友军蒙哥马利已经由东海岸绕过埃特纳火山,面前的意大利军队已是不堪一击,他马鞭直指默西纳。

巴顿认为计划不能再拖延了。在巴顿的鼓动下,两栖登陆战役终于如期进行。巴顿的确是在冒险,当天9时30分,德军开始反击。

13时40分,伯纳德请求援助,但是第七步兵团和第十五步兵团离指定位置还很远。

18时30分,伯纳德命令部下给海军让路,表明已经准备撤退了。

巴顿面临着输掉这场战斗的危险。幸运的是援军在紧急关头终于赶到,22时,消息报到巴顿处。

巴顿终于松了一口气。他整整一夜不曾合眼。这场战斗对于美军，对于他本人来说，关系实在重大。

第二天凌晨，哈金斯上校给巴顿打来电话报捷，原来袭击获得圆满成功。

8月17日，特拉斯科特将率领第七集团军第二师首先进入默西纳，并很快控制了局面。

10时30分，巴顿身穿漂亮的华达呢军装，乘坐有三颗银星的指挥车，以征服者的姿态进入了默西纳城门。

默西纳战役，巴顿再次表现了自己的卓越军事才能，甚至他的英国盟友们，也开始非常佩服他。

卖力扮演欺骗敌人的角色

巴顿将军在西西里和北非两大战役中的出色表现，已经引起德国人的恐惧和尊重。

巴顿成了第二次世界大战中的一颗耀眼明星，他的出现，总能引起人们的瞩目，甚至轴心国的军队只要知道他的方向，立即就会部署重兵，时刻防备这个可怕的敌手。

正是由于这个原因，华盛顿方面开始准备利用巴顿的"明星"效应，专门吸引敌人的注意力，从而迷惑敌人的视线，进行有效的打击。

这时，巴顿开始在地中海频繁露面，他其实是给德军一个假信息，以掩护盟军一个全新的"霸王"计划。

"霸王"计划是一个在欧洲开辟第二战场的计划，目的是彻底打败希特勒。

围绕这一问题，苏、美、英三国进行了长时间的争论，最终盟军决定至迟在1944年春，在欧洲开辟第二战场，行动代号为"霸王"。

大洋彼岸的德军统帅部，密切注视着盟国的动向，很快就报告了希特勒。

希特勒命令情报机构注意敌军重要人物的行踪，以此摸清有关"霸王"作战的计划内容和意图所在，其中，还特别提到巴顿。

巴顿这时正在英国，他正急不可耐地等待着捉摸不定的命运对他的安排。

1月26日，巴顿来到伦敦，并见到了艾森豪威尔将军。

"乔治，我猜你知道你要干什么。"艾森豪威尔用略带玩笑的口吻对巴顿说。

"艾克，我确实不知道。"巴顿有些迷惑。

"乔治，我想把我的老部队，第三集团军交给你。"

艾森豪威尔变得严肃起来，继续说："第三集团军正在前往英国的途中，到时我会让人通知你的。"

会见最后，艾森豪威尔告诉巴顿："你的具体任务将由布来德累决定和传达。"

巴顿见到了布来德累，在北非突尼斯之战中，布来德累担任巴顿第二军的副军长，在西西里战役中，他又在巴顿手下任第二军军长。

布来德累能打善战，而且为人稳重谦和，不像巴顿那样鲁莽冲动，因此艾森豪威尔在选择参与"霸王"战役指挥工作的人选时，选择了布来德累担任美军部队的总指挥。

同时，艾森豪威尔也知道，美军少不了巴顿这员虎将，所以决定任命其为第三集团军司令。

布来德累交给巴顿两项同时进行的任务，一是接管第三集团军，二是在"坚韧"行动中担任主角。

"坚韧"行动本身就是霸王计划的一个烟雾弹，该计划的目的在于使德国人相信，同盟国的主攻地点是英吉利海峡较窄水域对面的加莱地区，而不是诺曼底，具体进攻时间在 7 月份以后。

同时，在诺曼底登陆正式开始后，还要让德国人以为这只是一场牵制性进攻，是为了掩护在加莱的更大规模的进攻，从而把 25 万德军牢牢地吸引在塞纳河以北，使之不能支援诺曼底。

为了让德国人深信不疑，"坚韧"计划要求组成一支英国第四集团军，由安德鲁·索恩中将指挥，造成一种英国准备从英格兰港口对挪威南部发起进攻的假象。

同时，还虚设一支由 12 个师组成的美第一集团军群。

为加强其欺骗性，这个第一集团军群司令必须是在德国人看来理所当然的人物，还有谁能比等候处置的巴顿更适合这一职务呢？

3 月 20 日，盟军最高司令部发表公告，宣布免去巴顿第七集团军司令一职，另有任用。

关于巴顿的情报迅速传到德国，当时，德国间谍发回来的情报说，巴顿麾下有两个集团军，分别称"巴顿集团军"和"第九集团军"，德国情报机关对此深信不疑。

甚至当第三集团军终于打着自己的旗号投入战斗时，德国的战斗日志上，仍称其为第九集团军。

第一集团军群司令部设在肯特郡多佛尔附近，与加莱隔海相望。它实际上无一兵一卒，只有一些无线电收发人员。

蒙哥马利的第二十一集团军群的电报都是先发到这里，再由这里转发各地。

德军电讯侦察部门发现，多佛尔一带的无线电通信量具有一个集团军群司令部的规模，由此认定了英格兰东南部为盟军集结重点。

第一集团军群有真实可信的编制，并有足以乱真的假营房、假坦克、假医院、假油库。

结果，偶尔几架德国侦察机溜到英伦上空后，很快就发现似乎确实有一支规模庞大的军队正在集结。

对于"坚韧"计划的意义，巴顿心里十分清楚。但是，巴顿并不喜欢做配角。

对于新使命的不满，并未影响巴顿忠于职守。对这项欺敌工作，他做得很卖力，并很快精通了这项工作。

巴顿在英国四处招摇，处处把自己的名字挂在嘴上，但每次说话时，他又总要提醒："我在这里是个秘密，请不要提我的名字。"

"坚韧"计划最终取得了良好的效果，由于巴顿一直是德军重点注意的目标，再加上他的卓越表演，使德军确认，美军主力将由巴顿指挥，他所出现的地方，一定就是盟军未来主攻方向。

到诺曼底登陆开始后，德军还在加莱留下了整整一个集团军，他们一直在等待着巴顿的出现。

结果，盟军却在另一地方，偷偷地上岸了。

超前设计"第三计划"

"坚韧"计划对巴顿来说，真是一桩无可奈何的差事，日子过得非常无聊。

尤其是第三集团军司令的真实身份，同第一集团军群司令的假身份，几乎没有什么区别，更是让巴顿上火。

1944年1月28日晚，巴顿终于见到了自己手下的第一批人马，那是由爱德华上校领导的一个小组。

上校向将军汇报了第三集团军的情况，同时也以好奇的目光观察着这位第三集团军未来命运的主宰。

对巴顿来说，第三集团军并不陌生，在1941年夏天的大演习中，他曾经同这支部队打过交道。

不过，美国投入战争以后，在将近两年半的时间里，第三集团军一直在本土进行军事训练，没能来到欧洲。

在老司令官克鲁格将军的精心调教下，第三集团军成为一支吃苦耐劳、作风顽强的部队，只是缺乏实战经验。

巴顿接任第三集团军司令后，做的第一件事是组建自己的司令部。

司令部设在纳兹福德的一个男爵庄园，这里林木茂密，芳草萋萋，一片田园风光。

巴顿要求参谋班子是他个人的延伸，他用人的标准是忠诚第一，才能第二。

1月31日，巴顿向老朋友、即将接任第七集团军司令的帕奇将军提出把自己的原班人马带到第三集团军去的请求，帕奇将军爽快地答应了。

于是，巴顿和他在北非和西西里的参谋班子又在伦敦团聚了。

巴顿的参谋班子成员参差不齐，总的说缺乏很突出的个人，但作为一个整体，他们却像一架精密的仪器。

在这里，没有浮华和虚假的作风，每个人都默默工作，有条不紊。

第三集团军下辖四个军：弥德尔敦的第八军、海斯里普的第十五军、库克的第十二军和沃克的第二十军。

当这些部队陆续到位以后，巴顿立即投入了紧张的训练工作。

为了让第三集团军能够打硬仗、打大仗，巴顿一方面对他们进行作战技能训练，另一方面，他花了更多的精力去整顿作风和纪律。

第三集团军在巴顿的旺火冶炼下，由一块好钢变成了一把利剑，一把随时准备出鞘饮血的利剑。

巴顿是个敏感的人，他虽然领导着一支集团军，却始终认为自己无所作为。

特别是，巴顿实际上被排除在"霸王"行动的筹划工作之外，他和第三集团军今后的命运是由别人来决定的，这一点让他觉得很不是滋味。

可是，为了不失去参战的机会，巴顿只能把这一切默默地放在心底。这对心直口快、富有鲜明个性的巴顿来说，不啻是个难以忍受的心理重负。

在巴顿灰心丧气的这段时间里，"霸王"计划已逐渐成形。

"霸王"计划规定的战役目标是一个明确而有限的目标，登陆目的在于，夺取并确立一块在法国大陆的滩头占领区，然后进一步扩大战果。

登陆将分两个阶段进行：

第一阶段行动代号为"海王星"，主要指最早的登陆战役，包括在"卡昂地区开辟飞机场和占领瑟堡港"。

第二阶段才是"霸王"战役的重点，要求扩大第一阶段的战果。

在第二阶段，包括布利陀半岛、卢瓦尔河以南的所有港口以及卢瓦尔河和塞纳河之间的地区。

"霸王"计划规定战役时间为 90 天，至于 90 天以后，即下一阶段怎样行动，没有拟定预案。

同时，计划还明确指出，最初的登陆战役由美第一集团军和英第二集团军联合实施，这两支集团军受蒙哥马利将军领导的第二十一集团军群统一指挥。

计划对巴顿和第三集团军做了如下安排，他们将在登陆日开始后 15 天至 60 天之间越过科唐坦半岛登陆。

看了这份计划后，巴顿只能报以苦笑，因为在登陆西欧那个永载史册的日子里，他不能亲自指挥一支作战部队，而仍留在英格兰担任那个可怜的骗局中的主角，对此他只能报以苦笑。

唯一值得欣慰的是，计划明确了他和第三集团军的作战任务，表明这次战役还有他的份，这使巴顿还没有完全失望。

欣慰之余，巴顿感到计划还有某种缺陷，回到第三集团军司令部，巴顿对脑子里的问题进行了苦思冥想，最后终于发现了症结所在。

首先计划没有关照下一阶段，它仅仅停留在占领扩大滩头占领区上，而没有想到德军可能会遭到决定性失败。

还有计划中的英军方案过于乐观，因为英军的对手将是德军主力，他们很可能被德军阻住，无法前进，甚至可能被打败。

出现这种情况怎么办？计划中也没有提及。

巴顿立即行动起来，他设计了一个自己的计划，并命名为"第三计划"。

然后，巴顿把这份计划交给了艾森豪威尔的参谋长比特尔·史密斯，想通过他将该计划转呈艾森豪威尔。

谁知该计划竟如石沉大海，巴顿知道别人不欢迎自己开口，索性也就不再理会此事，集中精力去训练他的第三集团军。

创造快速出击奇迹

1944年6月6日凌晨，世界反法西斯战争开始开辟第二战场，诺曼底登陆战役正式打响。

首先，2395架运输机和847架滑翔机从英国的3个机场起飞，载着3个伞兵师在夜幕下于诺曼底着陆。

伴随着黎明时的曙光，美英空军驾驶着3000架次飞机，如密集的蝗虫一样，出现在德军海岸防线上空。

随着黑色的炮弹不断地从空中坠落，德军的海岸防线到处是火光冲天，地面的烟雾让那里的一切变得模糊不清。

同时，6000多艘舰船浩浩荡荡横渡英吉利海峡，各种舰炮猛轰沿岸敌军阵地。

霎时间，诺曼底山摇地动、火光冲天，直炸得德军魂飞天外、鬼哭狼嚎。

6时30分，美军第七军第四师开始在犹地海滩登陆。美军第五军第一师从奥马哈海滩登陆。

英军第二集团军于7时20分开始登陆。

盟国大军神兵突至，打得德军猝不及防。

在战役的最初阶段，德军未能组织起有效的防御，结果盟军以比较小的代价夺取巩固了 3 个登陆场，并在 6 月 8 日将它们连为一体。

如梦初醒的德军，很快调整好了防御并展开了积极的反攻，试图将登陆的盟军统统赶下大海去喂鲨鱼。

交战双方在诺曼底一带展开了激烈的厮杀，战役呈现胶着状态。

经过一天激烈战斗，第二天，英美滩头阵地连成一片，盟军初步建立了稳固的滩头阵地。

诺曼底海岸炮火连天、战事正酣，但美军的头号猛将巴顿却仍然待在远离战场的英国中部地区，连火药味都闻不到。

巴顿心急如火，像热锅上的蚂蚁坐立不安。他担心自己在投入战斗之前，战斗就结束了。

艾森豪威尔之所以继续让巴顿在英国按兵不动，一方面是由于巴顿的任务不是抢占滩头阵地，而是向内地扩张战果。

另一方面，也是为了继续实施"坚韧"诱骗行动，使德军误以为巴顿部队将在加莱地区登陆，从而不敢贸然调动加莱地区兵力增援诺曼底。

6 月底，巴顿奉命将司令部从波维尔厅迁往南安普敦以西 30 多公里处的布雷摩公馆。

同时，第十三集团军各部队也秘密向英国东南部集结。

此时，"霸王"计划的进展因受到德军抵抗而有所减缓，看来到了关键时刻。

7 月 2 日，艾森豪威尔打电话给巴顿，希望他火速赶到法国战线，准备投入战斗。

巴顿接到通知后，立刻赶往伦敦，料理完各项事务后，于 7 月

6日飞往诺曼底。

巴顿像是一位腰缠万贯的巨富前往法国旅游一样，投入了战斗。随他一起参加这次战斗的，还有他的爱犬威利和《诺曼征服史》这一本书。

在4架P-47战斗机的护航下，巴顿的C-47飞机破云穿雾，很快降落在诺曼底海滩。

32年前，巴顿参加完奥运会返回美国途中，第一次光临此地，现在，为取得战争领域的这块金牌，巴顿再次来到此地。

在布来德累的司令部里，巴顿受到了热情的接待。

但是由于第三集团军还在集结之中，布来德累又不让巴顿参与制订计划，因此，巴顿在诺曼底仍然只能坐在冷板凳上，心急火燎地关注着战局的发展。

布来德累的攻势只取得了缓慢而吃力的进展，担负主要进攻任务的美第八军经过12天的激烈战斗，只推进了约13公里，便难以为继，停止了进攻。

眼看着自己寄予厚望的攻势遭到失败，布来德累意识到他在科唐坦半岛的中部地区打不下去了，决定取消这一攻势，代之以一个更大胆、更坚定的"眼镜蛇"作战计划。

布来德累不会把巴顿丢下不管。他决定让第三集团军尽快投入战斗，他找来了正沮丧不已的巴顿。

布来德累告诉巴顿："不要担心，乔治，我将尽快让第三集团军投入战斗。"

"眼镜蛇"战役原定于7月24日开始，由于阴雨，空军无法出动给地面部队提供火力支援和掩护，被迫推迟了一天。

7月25日，也就是进攻欧洲开始后的第七周，天气好转。"眼镜蛇"作战行动正式开始，艾森豪威尔亲临前线督战。

在 8 公里长、1 公里多宽的地区，盟军第八、第九航空兵部队出动 2000 多架次飞机，炸弹 4700 吨。

当时的诺曼底一片火海，巨大的烟雾弥漫在天空。

战斗进行得如此顺利，到 7 月 27 日，"眼镜蛇"作战计划的基本目标已全部实现。

7 月 28 日，布来德累下令，让巴顿以第一集团军副司令的名义到前线督战，督促第八军扩大战果，打开布利陀的大门，并要尽快使第十五军投入战斗。

布来德累同时指出，第八军打开布利陀大门之时，就是巴顿的第三集团军投入战斗的时刻。

接到命令后，巴顿立即带着参谋长加菲将军、第十五军军长海斯利普将军等人前往第八军司令部。

在听取了第八军军长米德尔顿将军的汇报后，巴顿认为，由于交通阻滞，第八军的推进速度已经大为减慢，当务之急是使部队以最快速度抵达阿夫朗什。

于是，巴顿立即对部队进行了新的部署，把两个装甲师作为前锋，快速向阿夫朗什推进。

7 月 29 日，两个装甲师快速出击，战斗进展之快，令敌对双方都感到不可思议。

到第二天，第四装甲师就攻占了阿夫朗什，第六装甲师则攻占了格朗维尔。

这样惊人的速度，与其说是在进行战争，不如说是在进行快速的行军。

当别人都在惊叹于巴顿创造的奇迹的时候，他却丝毫没有骄傲，而是命令部队继续向南进攻，准备占领河流渡口。

7 月 31 日，巴顿的装甲师很好地完成了任务，美军顺利控制了朋陀博尔桥。

这样,美军就可以轻松地向西开进布利陀,向南开进卢瓦尔,向东开到塞纳河畔。

当晚,美军又夺取了塞纳河上的两个水坝,避免了德军毁坝放水、阻止美军行动的可能性。

至此,布利陀的门户大开,胜利就在眼前。

接到胜利消息后,布来德累立刻打电话向巴顿表示祝贺。

从此,布来德累感到他已无法离开巴顿了。共同的作战实践使他们之间抛弃前嫌,结成了牢固的友谊,令人吃惊,令人羡慕。

尽显机动神速战术风格

1944年8月1日,对巴顿来说,是具有重大意义的一天。因为就在这一天,第三集团军正式地、独立地、全部地投入了战斗。

就在同一天,艾森豪威尔正式接管了盟国地面部队的最高指挥权,可以对蒙哥马利的第二十一集团军群和布来德累的第十二集团军群进行统一指挥。

当天,第三集团军司令部迁到了库汤斯东南的宾加德。

巴顿显得格外兴奋,他特意穿上干净整洁的呢子制服,显得神采奕奕、充满自信。

当时,巴顿把司令部的参谋人员集合到一起,每人斟了一杯白兰地酒,共同庆祝第三集团军的诞生。

巴顿还专门发表了简短激昂的祝酒词,他说:

我们将在今天中午12时正式投入战斗,一个伟大的时刻即将来临。

你们要记住一条座右铭,那就是:果敢,果敢,永远果敢!

我们必须一往无前,揪住敌人紧紧不放,把它打得魂不附体。我相信各位先生会做得非常出色的。

按照原定计划,第三集团军的第一步任务就是夺取布利陀,并占领半岛上的重要港口。

但是,随着局势的发展,巴顿认识到,战场的形势已经发生了重大变化。

通过对战局的深入考察,巴顿认为,现在战役的重点已转移到科唐坦以南、西南和东南的广阔地域。

这也就是说,布利陀实际上已失去了原来重要的战略意义,降到了次要地位。

而且,随着战线迅速向前推移,布利陀沿海港口的意义已不像"霸王"作战计划所预料的那么关键了。

巴顿建议修改战役计划,把主攻方向向左大转弯,将德军挤到塞纳河边的一个大口袋里,然后再拉紧绞索。至于布利陀,只需动用一个军的力量便足以完成任务。

巴顿的想法未被布来德累接受,却为艾森豪威尔默许。

凭借盟国地面部队总指挥艾森豪威尔将军撑腰,巴顿决心按自己想法干下去了。

8月1日下午,第三集团军按巴顿的计划投入战斗。对原主攻目标布利陀,巴顿只派了第八军,并限定他们在5天内拿下布利陀最南端的布洛索。

巴顿认为,布利陀的敌人不堪一击,战斗可以迅速解决,5天时间绰绰有余。

为此,巴顿同对此持怀疑态度的蒙哥马利打了一个赌,赌注是5英镑,巴顿认为自己赢定了。

巴顿同时规定，在第八军进入布利陀的同时，第三集团军其他各军一律转向东线作战。

当天，第八军在巴顿的亲自指挥下，冲过阿夫朗什山口，如下山之虎直扑布利陀。

在布利陀之战中，巴顿与第八军军长弥德尔敦将军在战术运用问题上发生了尖锐矛盾。

弥德尔敦是一位步兵出身的优秀指挥官，行动谨慎稳健，喜欢稳扎稳打、步步为营，缺乏风险意识和创新精神。

而巴顿十分重视部队的机动性和速度，喜欢不间断地进攻和冒险。他认为，布利陀之敌已成惊弓之鸟，不堪一击，所以美军应大胆利用装甲部队的机动性和速度，绕过中间目标，向最终目标快速推进。

如果能尽快拿下最终目标布洛索，就算大功告成，肃清残余之敌只是易如反掌的事情。

对于巴顿的战术原则，弥德尔敦既不理解也不愿意接受。他们之间的分歧，实际上反映了两种战术风格之间的差异和矛盾。

根据自己的作战原则，弥德尔敦决定步兵在前面推进，装甲兵尾随其后予以支援。他命令第六装甲师长哥洛将军原地待命。

巴顿知道后，亲临哥洛的指挥所，命令他立即出发，向迪南挺进，进入布利陀，绕过敌人的抵抗，以最快的速度向前推进，争取在星期六晚之前到达布洛索。

8月2日，部队进展十分顺利，一鼓作气前进了50多公里。3日，又推进了近50公里，其先头部队已经抵达卢代阿克，离布洛索只有160公里了。

就在这时，布来德累来到第八军司令部，第八军军长弥德尔敦立即向他诉苦。

布来德累也被巴顿冒险的战术行动惊呆了,立即让弥德尔敦向哥洛发去命令,部队立即集结,原路返回,攻占迪南,为全军大规模进攻圣马洛创造条件。

哥洛无可奈何,他只能遵命行事。

然而巴顿很快知道了这件事,8月4日11时,正当哥洛同参谋们一起研究进攻迪南的计划时,怒气冲冲的巴顿出现在他面前。

"这是谁的混账主意?"巴顿在咆哮。

"是布来德累和弥德尔敦的命令,将军。"

"弥德尔敦真是个优秀的步兵啊!从现在起,你不需要理会任何让你停止前进的命令,除非是我下的。你马上向布洛索前进,我去替你解释。记住,让敌人去担心侧翼,而不是我们。"

"是,将军。"哥洛一脸欣喜。

第六装甲师立刻行动起来,星夜兼程地赶往布罗斯特。

可是,在他们被浪费的24小时里,德军抓住了喘息之机,布罗斯特的防御得到加强,美军后来不得不花10天的时间,才拿下这座城市。

约翰·伍德的第四装甲师遭到了同第六装甲师相同的命运。不过,在巴顿亲自解除了来自弥德尔敦的干预后,该师迅速攻占了瓦恩和洛里昂一线,为全歼布利陀之敌创造了条件。

在这种"飓风式"的作战行动中,巴顿的集团军情报队发挥了重要作用。

其实,巴顿所有那些貌似鲁莽、冒险的命令和行动,并不是完全没有道理的,他做出任何决定之前,都进行了细致的情报收集工作。绝不是头脑发热,胡打蛮干。

战役进行到这个时候,巴顿在一开始就预见到的那些事情,开始为盟军其他高级指挥官所了解。

一切正如巴顿所料,"霸王"计划确实要做大的修正,美军的主要任务应是向东推进,进入欧洲腹地。

布来德累也再一次理解了巴顿的价值,现在美军上下一心,达到了空前的统一团结,将士们的积极性和创造性被充分调动起来。

尤其是巴顿,现在没有人再去干涉他,他可以放开手脚大干了,他要再次创造奇迹。

既然布利陀已失去战略意义,巴顿就把这个功劳全部转让给了弥德尔敦。

巴顿需要的是真正的战争,他自己则把目光转向了更为遥远的腹地。一个在法莱斯围歼德军的计划已在他心中形成。

"经典战役"梦想破灭

盟军主力改向法国腹地进攻后，最初的进展一直十分顺利。

霍奇斯将军指挥美国第一集团军，从正面向莫尔坦地区发起强大的攻势。这里集中了德军的精锐第十一空降军、第八十四军和第四十七装甲军。

双方的战斗进行得异常激烈，不过一时还难以分出上下。

登普西将军领导的英国第二集团军，也向莫尔坦发起大举进攻，进攻的方向是德军的侧翼，这就给予了美国的第一集团军强有力的配合。

在英美军队的左右夹击的情况下，德军开始显得力不从心。首先就是右翼开始溃退，出现了一个巨大的缺口。

巴顿看到了这是一个千载难逢的好机会，立刻调动他的装甲部队迅速插进，长驱直入。

至8月6日，第十五军已抵马延河一线，第二十军到达卢瓦尔河。接着，第十五军又由东南转向东进军，攻占勒芒，与友邻部队一起对勒芒以北法莱斯地区的德军形成合围之势。

巴顿欣喜地看到，现在他有可能创造一个战争奇迹，再现历史上的一次经典战役，堪尼大捷。

堪尼大捷发生在公元前261年，是由古迦太基最伟大的军事统帅汉尼拔发动的。

当时，汉尼拔率军与罗马军团在堪尼相遇，双方的力量对比悬殊，罗马军队几乎是汉尼拔军队的很多倍。

可是汉尼拔毫无惧色，冷静地采取了中路牵制、两翼迂回包围的战术，合围并全歼了对手，创造了战争史上空前的奇迹。

从此，堪尼之战作为辉煌的战例，为一代又一代的军事家所效仿。

正在巴顿思考着怎样获得汉尼拔式的荣耀时，他突然得到了一份令人难以置信的情报：德军准备在莫尔坦地区进行大规模反攻。

就军事常识而言，这无疑是一个孤注一掷、徒劳无功的举动。但在8月7日凌晨，德军仍然按照希特勒的指令开始进攻了。

德军左翼第一一六装甲师的攻势一开始就严重受挫，始终未能前进一步。

德军第二装甲师的一个纵队在进攻中被美军第三装甲师迎面挡住了去路。

德军第一、第二装甲师向美军第七、第十九军的结合部发起猛攻，突入美国阵地。但是不久便遭到盟军空军的狂轰滥炸，损失极其惨重，士气一落千丈，德军第一天的反攻被有效地遏制了。

这时希特勒命令德军于11日发起第二次攻势，结果遭到美第一集团军的迎头痛击，8月12日，德军的反扑彻底宣告失败。

当德军把赌注压到莫尔坦战役时，巴顿并没有放弃他的堪尼之梦，利用德军发动正面进攻之机，第三集团军按巴顿的命令，对德军实施了侧翼迂回。

8月11日这一天，美法军队向前推进了24公里，离阿让唐只有一半的路程了。

直到这时，德军统帅部才发现形势的严峻性，意识到有被盟军合围的危险，可是为时已晚。

然而，就在巴顿指挥大军长驱锐进，即将对德军实现合围的关键时刻，一个突然的电话命令，阻止了部队的前进。

打电话的是布来德累的参谋长艾伦少将，当时巴顿不在办公室里，加菲将军替他接了电话。

艾伦告诉加菲："布来德累将军让我通知巴顿将军，在任何情况下不得超越英、美军队的战区分界线，第十五军的推进必须止于阿让唐到塞厄斯一线。"

原来，英美双方虽然联合对德作战，但彼此间的对立情绪也很严重。在制订这一两翼迂回计划时，双方曾确定以阿让唐为分界线，在那里会合完成合围。

但是，由于英军方面遭到了德军极其顽强的抵抗，当巴顿到阿让唐时，英军仍在很远以外挪进。

形势很清楚，如果巴顿继续进攻，那么整个法莱斯将成为美军的盘中大餐。

布来德累有理由担心这会激化已有的对立情绪，甚至不排除在美军越过战斗分界线时，两军之间发生冲突。

另外，布来德累同巴顿不同，在军事思想上，他是稳健派，是侧翼安全论的坚定信奉者。

布来德累认为，如果让第十五军向法莱斯推进，该军战线将突然加长60多公里，两翼完全暴露，很容易被德军拦腰切断。

当加菲将军将这一命令转告给巴顿时，巴顿一下子惊得目瞪口呆，他绝对无法相信这个荒唐透顶的事实。

事关重大，巴顿可不想自己的进攻随便被打断，他不想失去这样好的机会。

所以，巴顿立即给第十七军团群打了电话，强烈请求进攻，巴顿的请求被转到布来德累那里。

布来德累就巴顿的请求同艾森豪威尔一起进行了商量，艾森豪威尔经过考虑以后，同意了布来德累的主张，并立即亲笔签发了停止前进的命令。

就这样，巴顿的请求被无情地彻底否定了，他只能在阿让唐阵地上，坐等着加拿大集团军前来会合。

结果可想而知，8月19日，当美军与加军会师完成合围之后，40000多名德军成功地从包围圈中突围出去。

巴顿创造军事奇迹的梦想最终还是一个梦想。

不过事后，布来德累也认识到了自己的错误，并为此感到深深的内疚和自责。

不过，现实就是现实，懊悔是没有用的，对巴顿以及盟军所有将士来说，法莱斯已成为过去，他们只能把目光投向了新的战斗。

难以置信的辉煌战绩

1944年8月14日，巴顿的第三集团军已经在法国正式参战两星期了。在这两星期里，他们从阿夫朗什向东推进了240公里，解放了大片法国领土。

巴顿对于自己在这两周里的成绩还是非常满意的，他自豪地宣称，第三集团军比有史以来的任何其他军队都前进得更快、更远。

不过，虽然已经参战两周了，他的军队却还没有被官方正式公布，也就是说处在一种无名的状态。

然而，就在这一天，艾森豪威尔终于正式同意，巴顿及其第三集团军结束了秘密状态。

其实这不过是一个形式的问题，德国方面早就知道自己面对的对手是谁了。他们还不至于蠢到打了两周还不知道对手是谁的地步。

很快，报纸和广播中充满了巴顿和他的部队胜利进军的消息以及对他们辉煌业绩的颂扬，美英两国各界人士都高声为巴顿喝彩叫好。

各个报刊、电台的记者纷至沓来采访巴顿,使之受到巨大鼓舞。第三集团军在一片颂扬喝彩声中,继续大踏步地前进。

根据巴顿的计划,第三集团军应以最快的速度向塞纳河挺进,并以芒特、加西库尔和埃尔博夫为主要对象进行另一次大包围,向东直取巴黎。

眼下,战局的前景对盟军来说,十分美好,但实际上还存在许多胜负难卜的因素。

由于第三集团军几乎是在大踏步地前进,它所进行的真正战斗并不多,德军的有生力量没有被消灭,局势仍然是飘忽不定的。

在布利陀,德军仍在几个港口据点里负隅顽抗,第八军被牵制在这里无法脱身的情况,一直延续至9月份。

战局仍然模糊,但这丝毫没能阻止巴顿按他的战术思想继续大踏步前进。

1944年8月,巴顿的第三集团军实施了胜利大进军,打通了通往巴黎的道路,从三面对巴黎形成了半圆形包围。

巴黎这座世界名城近在咫尺,指日可下。

对于巴顿来说,他早就盼望着亲自解放这座他所热爱的千年古城,完成这个令世人瞩目的神圣使命。

在巴顿心目中,征服巴黎是他军事生涯中一个重要里程碑。

由于种种原因,艾森豪威尔和布莱德雷都主张暂时置巴黎于不顾,快速向东追击敌军,争取把德军主力部队歼灭在法国境内,然后回头收拾这座孤城。

据此,布莱德雷命令巴顿的第三集团军继续向塞纳河全速推进,粉碎敌军的逃跑企图。

失去解放巴黎的辉煌,令巴顿万分遗憾。但只好遵从上司的战略意图绕道前行,挥兵东进。

8月17日,第十五军由德勒向塞纳河前进了40公里,强占芒特。

巴顿的坦克所向披靡,所到之处,德军风声鹤唳,一触即溃,退缩至莱桑德利和奎恩间的塞纳河渡口附近。

17日夜间,芒特地区狂风大作。趁着月黑风高,巴顿指挥第七十九师强渡塞纳河。

德军对此完全没有预料,结果,渡河部队基本未遇到抵抗,第七十九师顺利完成渡河任务。

第二天,该师又出其不意地攻占了设在拉罗利的德第十三集团军群指挥部,并向刚到达这一地区的德军发起了进攻。

20日拂晓,第五装甲师开始向西北方向的卢维耶推进。

德军在这里的防御力量很弱,但他们利用易守难攻的地形,还是迟滞了第五装甲师整整五天。

与此同时,第十九军在左翼向埃尔本夫发起进攻,至25日,全面占领该城。

上述部队全部完成任务后,全部撤回了原防区为英国第二集团军留出一条畅通的大道,以便他们去封闭韦尔农和莱桑德利之间的塞纳河地段。

作为"美军中顶呱呱的打气人",巴顿在这段日子里充分发扬了他"事必躬亲"的作风,亲自鼓舞士兵的斗志,鼓励他们克服困难、勇往直前,将军们在他的激励之下,也都亲临战场,不断以个人英勇的行为来鼓舞他们没有战斗经验的部属。

至25日,第三集团军已在巴黎以南塞纳河的上游和特鲁瓦河段上占据了4个桥头阵地。

这时候,德国人意识到自己再一次面临被围歼的危险。整个8月下旬,他们拼命向东撤退。

由于第三集团军早已占领了塞纳河上的大部分渡口,德军重武器、车辆的撤退严重受阻。

结果在奎恩的南面和西南面两个河道大转弯处，挤满了急着过河的德军和各种车辆。

盟军空军乘机出动，对这两个地区进行了大规模的空袭，给德军造成了灭顶之灾，击毁坦克200余辆，其他各式军车近4000辆。

要不是友邻部队动作稍慢，使奎恩缺口未完全封闭，这一仗几乎要将德军主力完全吃掉。

最后，约有近30000德军再次逃脱覆灭的命运。

在解放法国的令人振奋的日子里，巴顿及其第三集团一路势如破竹、锐不可当，他们的名字和辉煌业绩广为传颂、家喻户晓。

每到一地，巴顿的军队都受到法国人载歌载舞的夹道欢迎，狂热地献出无数鲜花、美酒和水果，人们高举着法兰西的三色旗和美国的星条旗，像孩子一样欢呼雀跃。

这时，巴黎已经是一座孤岛，处于大军围困之中。

8月19日，法国爱国人士和地下武装力量在警察部队支持下，发动了武装起义，占据了市内的一些要害部门，迫使德国占领军妥协停火，现在，进驻巴黎时机完全成熟了。

派谁进入巴黎最合适呢？

盟军最高司令部反复斟酌，在法国统帅戴高乐将军的干预下，决定第一支进入巴黎的盟军部队必须是具有一个师兵力的部队。

艾森豪威尔和布莱德雷最终选定了第三集团军所属的第二装甲师，这是一支英勇善战的部队，由它来完成对巴黎的解放，无论在军事上还是在政治上都是十分适宜的。

巴黎成功解放，标志着"霸王"战役正式结束。

巴顿和第三集团军在这次大规模战役中获得了这样辉煌的战绩：他们向前推进了800多公里，解放了近4.8万平方公里土地，毙伤俘德军10万余人，摧毁、缴获坦克500辆，火炮200门，而他们自己仅付出1.6万人伤亡的代价。

这些令人难以置信的战绩，奠定了巴顿无可争辩的战神地位。此刻，巴顿并没有忘记自己的使命。

德国就在前方，战争不是解放了法国就结束了，法西斯一天存在，世界就一天不得安定。

巴顿盯着作战地图，把目光越过塞纳河，指向远方的德国的首都，他要在这个心脏部位插上一刀，彻底结束这场战争。

"必胜的计划"受挫

"霸王"战役结束以后,第三集团军下一步该怎么办?这是巴顿一直在思索的一个问题。

在广阔绿荫覆盖下的第三集团军简陋的指挥篷里,巴顿正在地图前来回踱着步子。

巴顿的参谋长盖伊专注地望着地图。盖伊聪明、忠实,他是巴顿无话不谈的心腹、共患难的战友、最亲密的助手以及和他一起度过最后几天岁月的忠诚朋友。

忽然,巴顿止住脚步,眼睛里闪烁着光芒,神采飞扬地说:"我们应当以最快的速度通过齐格菲防线,赢得欧战的胜利!"

"最快?"盖伊沉思了一下说,"对!等敌人加强防线以后,再进攻就不是那么容易了。"

盖伊深知巴顿,他懂得巴顿把自己全部胜利的希望都投入这个充满信心的计划中了。

"我认为一定能够成功的原因之一是,"巴顿声音低沉且略带神秘地说,"根据咱们准确的情报看,在德国人还来不及调兵防守它的今天,它不堪一击。"

"不错，将军！从昨天提审的俘虏那里更证实了这一点。他们说，齐格菲掩体里空空如也，门上的锁已生锈，看来这条防线目前名存实亡。"盖伊附和道。

眼下，巴顿已经勾画出一份战役计划的蓝图，这个计划无论从规模还是内容上看，都是非常惊人的。

这个计划甚至已经使巴顿本人都感到吃惊，他把它称之为"必胜的计划"。

"必胜的计划"主要内容是，以第三集团军3个军的力量迅速地渡过塞纳河去，然后一直向东挺进，穿过德军空虚的"齐格菲防线"，直抵莱茵河。

而后直捣柏林，力争在秋雨前把战场变成无法通过的沼泽之前，彻底赢得欧洲战争的胜利。

随后，巴顿将这个计划送到了布来德累手里。

这时英美高层也在就进一步的计划进行讨论，8月25日，布来德累从艾森豪威尔那儿回来了，没有带来什么好消息，艾森豪威尔仍举棋未定。

不过布来德累这时已经决定，不管最后确定计划是什么样，他得首先越过塞纳河去。

根据布来德累的命令，第三集团军此时已拥有7个师，它的任务是分成左右两路，沿巴黎向东的两条公路干线平行追击，目标是梅斯到斯特拉斯堡一线。

这与"必胜的计划"差距很大，但这个方向却是该计划的一部分，巴顿对此还是比较高兴的。

第三集团军立刻开始了跨越塞纳河的战斗。

8月26日这一天，巴顿先后视察了第二十军军部、第五步兵师、第七装甲师和第四装甲师，给他的士兵们打气。

在这一天的战斗中,第三集团军在所有战线上大踏步前进,但巴顿并不满意,因为他看到德军的抵抗极其软弱无力,他要求部队以更快的速度推进。

第三天,巴顿部队在蒂耶里堡和沙隆渡过马恩河,大踏步地进入一览无余的平原地区。但是,部队的燃料和物资供应的缺乏日益严重。

巴黎被盟军解放后,一度出现物质供应困难,这个过惯了豪华、享受生活的城市,陷入一片困顿之中。

为了和平与稳定,盟军尤其是美国方面,大大方方地给那里的人民运去了粮食、面粉等物资和新钞票。

就连军队十分紧缺的汽油,也送给了巴黎人。

然而,勇猛地、快速地向莱茵河挺进的第三集团军部由于不供给需要的汽油而停步不前。

巴顿正经受着等待的煎熬,虽然第三集团军是一支即使在逆境中也精神十足,战备观念从不松懈的部队。

巴顿恳切地向艾森豪威尔请求说:"只要保留给我一点正常的供应,我们就可以打到德国边界,摧毁那条该死的齐格菲防线,我们要求不高我愿以自己名誉担保!"

艾森豪威尔微笑着拒绝了。

接着巴顿再次要求艾森豪威尔给他补充给养,以便攻占齐格菲防线,至少所发给养要跟英国人一样多。

艾森豪威尔还是拒绝了。

巴顿仍然不让步:"我可以在10天内到达莱茵河,当然是在补充供给的情况下。这样可以使上万人免遭牺牲。"

艾森豪威尔还是坚决地摇头,声明他的供给实力达不到美英双方同时受益,他只能轮流供给。

蒙哥马利拒绝艾森豪威尔的平均主义方法,他主张物资集中,供给主攻力量,也就是供给他的部队。

巴顿说："蒙哥马利至今还没有到达塞纳河，他们有我们那种猛冲猛打的能力与勇气吗？"

然而，现实就是这样的无奈，虽然巴顿一再强调，只要有足够的汽油，他就能很快攻占通往这个防线的渡口！但是，很遗憾没有人给他汽油！

8月29日晚，巴顿的先头部队在他的带领下冲过了凡尔登，距离梅斯只有50多公里，距离萨尔河110多公里，从那里到莱茵河只有160余公里。

8月30日，巴顿在得到盟军后勤供给的可怜的32万加仑汽油后，指挥部队向莱茵河冲去。

遗憾的是，第三集团军的汽油很快点滴不剩。31日下午，他的部队全部停止了前进。

失去了速度，也就失去了抢占有利地位的先机，从而，盟军失去了一举歼敌的最好时机。

就在这期间，德军获得了喘息的机会，迅速建立起有效的防御体系齐格菲防线，使盟军将面临更加艰苦激烈的战斗。

当巴顿要求允许他突破齐格菲防线的时候，德军在西线防守力量的薄弱的确达到最低点。

当时盟军的装备与德军相比，大炮数量是2.5比1，飞机为22比1，可以说是占有绝对优势。

根据巴顿估计，只需一次战役就能使德军遭毁灭性打击。

然而，这种多少有点冒险的计划，注定不会被盟军最高指挥官看中。结果德军又有喘息之机。

这次错失良机，致使反法西斯的胜利推迟了8个月。而在这8个月中，盟军方面损失惨重。

就这样，唾手可得的速胜竟在手中溜去了，成千上万的人成了无谓的牺牲品。

突破"齐格菲防线"

齐格菲防线是 1939 年希特勒进攻波兰时,为遏制英法军队在德国西部边境的进攻,构筑的对抗法国马其诺防线的筑垒体系。

该项目由德国著名的建筑工程组织托德机构负责,德国人称之为"西墙"或"齐格菲阵地",其他国家多称之为"齐格菲防线"。

构筑齐格菲防线的目的是为了掩护德国西线,并作为向西进攻的屯兵场以及支援进攻的重炮阵地。

防线工程是 1936 年德国占领莱茵兰之后开始构筑的,至 1939 年基本建成。

防线从德国靠近荷兰边境的克莱沃起,沿着与比利时、卢森堡、法国接壤的边境延伸至瑞士巴塞尔,全长达 630 公里。

不过,在 1944 年 9 月以前,这一工事形同虚设,在战争中并未发挥任何作用,可眼下,它成了盟军进入德国腹地最大的障碍。

1944 年 9 月初,希特勒在齐格菲防线上部署了 63 个师,其中有 15 个装甲师和装甲步兵师。

镇守这一防线的是老谋深算的冯·龙德施泰特元帅,他的任务是遏制盟军的长驱直入,牢牢地控制住防线,并在适当时候向兰斯实施反攻。

9月4日，一再约束巴顿行动的艾森豪威尔突然间改变了主意，对巴顿大开绿灯，命令他迅速突破齐格菲防线，并向法兰克福挺进。

因为，此时他已意识到巴顿早就意识到的一个问题："德国的失败是注定的，要彻底摧毁它，最重要的是速度。"

战争是个瞬间万变的怪物，有时候差之毫厘，便谬以千里。艾森豪威尔的反应比战场实际情况慢了半拍，这就为第三集团军在完成作战任务的道路上平添了许多障碍。

9月5日，第三集团军进入了默兹河以东的洛林地区。这是一块不祥之地，当年法国人曾经在这片土地上经历过两次屈辱和噩梦般的失败。

第三集团军的对手是德第一集团军。德第一集团军的七个装甲师和一个装甲旅在第三集团军正面设置了一道坚固的防线，这是德军这一地区防线上最坚固的盾。

最锋利的矛对最坚固的盾，这将是一场势均力敌的较量。9月5日拂晓，第三集团军的进攻开始了。

巴顿很快发现，他的部队正在啃一块硬骨头。随心所欲地大踏步前进，在这里已变得不可能了。

巴顿的部署是由第十二军打先锋，越过摩泽尔河，占领南锡并准备继续进军曼海姆和莱茵河。

经过两天激战，参加战斗的步兵第八十师和第七装甲师无尺寸之功，未能渡过摩泽尔河。

第三天，德军甚至反守为攻，占领了马尔巴什。在梅斯、多尔诺等地，第十一步兵师和第七装甲师则被敌人猛烈的炮火压制在各自的阵地上。

直至12日，第七装甲师终于渡过摩泽尔河，进入阿诺威尔的桥头阵地，第八十师在迪厄卢阿强渡成功，第四装甲师则扩大了南锡以南的洛雷桥头阵地。

此时，由于第三集团军的猛烈进攻，把大批德军吸引到了这一地区。正在第三集团军陷入苦战之际，第一集团军迅速插向齐格菲防线，并在可布伦兹附近占领莱茵河渡口。

巴顿的对手绝非平庸之徒，9月18日，德军先于第三集团军发动了全面进攻。

由于美军忙于进攻准备，没料到德军会有这一手，结果被打了个措手不及。

吕内维尔的美军险些被赶出城，幸亏第四装甲师及时驰援，才稳住阵脚。

德军的进攻打乱了巴顿的部署，进攻被迫改到第二天。在第三集团军的强大攻势下，德军开始后退。

巴顿雄心勃勃地准备在10天内攻破齐格菲防线，进入德国境内。正在这时，艾森豪威尔击碎了他这个梦。

盟军后勤系统此时已不堪大规模进攻的重负，艾森豪威尔决定第三集团军则在原地暂时转入防御。

巴顿沮丧到了极点，对他而言，战争似乎已经结束了，他甚至想转到亚洲太平洋战场上去。

1944年10月18日，欧洲盟军最高司令部在布鲁塞尔召开了军事会议。

其中第三集团军的任务是，在后勤条件许可的情况下，从沃尔姆斯和美因兹之间渡过莱茵河。

巴顿对部队官兵进行了战斗动员，他慷慨激昂地说：

莱茵河距此有200多公里，如果我们这支部队能够勇猛凶狠地展开进攻，迅速插入敌军防御空虚的地点，那么，战争在我们到达莱茵河之前就结束的可能性是很大的。

因此，我们在进攻时，要拿出拼命的劲头来，前进，前进，再前进！

第三集团军的进攻定于11月8日进行。5时，400门大炮同时向敌阵地猛烈轰击，火光映红了天际，大地剧烈地颤抖。

炮火准备过后，担任主攻的第九十师很快打过摩泽尔河，突破了工事坚固的柯尼希斯马克尔地区和马其诺防线。

第十装甲师紧随步兵的先头突击部队，一路向北推进。

6时，第十二军也开始从萨尔直接挺进，第八十师的三个步兵团在北翼齐头并进一马当先。

10时，盟军数百架轰炸机飞临上空，对敌阵地实施狂轰滥炸。刹那间，地动山摇、惊心动魄。

随后，装甲部队以迅猛之势向敌军扑去。当天下午，所有部队均顺利到达预定目标。

以后一段时间，天气变得阴雨不断。第三集团军在巴顿的指挥下，尽可能使用炮火支援、实施狭小正面的进攻，在困难重重的情况下，依然稳步前进。

11月22日，美军顺利攻克了梅斯，正是这座要塞存在1300多年来第一次被强攻占领。

以后的战斗，照样没有出现大踏步前进的情况，第三集团军的战役特点变成了小部队进行的小规模战役。

在同眼前顽固的德军的作战中，巴顿只能逐村逐河、逐个碉堡地进行争夺，只能以缓慢的速度向前推进。

新的攻势发起一个月后，第三集团军终于攻破德里安堡垒群。至12月中旬，巴顿终于率领部队突破了"齐格菲防线"，并控制了德国重要的工业区萨尔盆地。

至此，盟军在两条主要战线上均成功地突破了齐格菲防线，进入德国心腹地区。

可以说，只要盟军的匕首顺利插进德国的心脏，德国就只有投降了，一切看起来太顺利了。

可是，就在这个时候，一个惊人的消息传来：德军在阿登地区发起反扑，盟军阵脚大乱。

这是德军最后的无力一搏，还是有预谋的大规模反攻呢？不管如何，新的战斗开始了。

粉碎敌人的最后希望

1944年12月中旬的时候,正是北半球的冬季,一场鹅毛大雪从天而降。当时阿登地区气温骤降,地面积雪厚达13厘米。

12月16日一大早,薄雾尚未消散,美第八军将士睡梦犹酣。突然间,震耳欲聋的炮声打断了他们的酣梦。

美国第八军将士睁眼一看,发现有近20个师的德军如潮水般地向他们涌来。

齐格菲防线虽然没能阻住盟军,但却迟滞了他们的进攻速度,就连一向以高速推进著称的第三集团军,也失去了往昔神采,3个月里只推进了80公里。

这给希特勒争取了足够的时间,抛出了他的撒手锏。

阿登地区,位于法比边境中段,德军曾在此成功地对法国实施了突击,演出了军事史上极为成功的一幕。

希特勒想在这里再创造一个奇迹,挽救危局。

阿登地区是一个山陵起伏的丛林地带,美军在那里的人数并不多,因为他们要在沿着进入德国的平坦道路上集结最大兵力。

阿登山区是霍奇斯的第一集团军和巴顿第三集团军的接合部,这里有近120公里宽,但只有米德尔顿缺编的第八军把守,兵力十分薄弱。

17日5时30分,德军2000门大炮一齐向第八军阵地疯狂轰击,随后,两个装甲集团军,13个步兵团组成的第七集团军共20万兵力,潮水般向毫无防备的美军第八军汹涌而来。

第八军立时阵脚大乱,无法组织有效的抵抗。

希特勒的这次反攻,安排得非常周密,但他唯独没有考虑到巴顿。12月18日下午,布来德累召集巴顿去他的司令部举行紧急军事会议。

巴顿一到,布来德累就向他展示了从空中拍摄到的最新战场形势照片。

照片表明,德军在阿登山区已突破了一个巨大的缺口,德军第五装甲集团军正在蜂拥而入,美军整个防线正在垮下来,像一座行将崩塌的大厦。

不用布来德累说什么,巴顿已明白想要他做什么。他必须停止在萨尔地区的进攻,帮助渡过这次危机。

巴顿明白形势的紧迫和改变战略的必要性,他当即表示,他将让第四装甲师星夜向朗威前进,次日再派第八十师去卢森堡,如果需要的话,他还可以派出第二十六师。

巴顿的回答,让布来德累既满意又感动,他原以为让巴顿取消萨尔战役,他会大闹情绪,不曾想,刚刚提了一句,就从他那里痛快地得到三个师。

12月19日,艾森豪威尔急匆匆地由巴黎赶到凡尔登,召开高级军事会议。

会上,艾森豪威尔决定,为解除阿登危机,盟军应最少以六个师的兵力向德军的南翼发动强有力的反击,巴顿担任这一行动的总指挥。

凡尔登会议后,巴顿没有回自己在南希的司令部,而是直接去了卢森堡。同时,他打电话通知手下各军师长,让他们做好在24日发动进攻的准备。

在巴顿的指挥下,第三集团军上下迅速行动起来,只用了3天时间,战线的转移工作顺利完成,把一支几十万的部队,从萨尔地区快速调往阿登山区,实现了战线由南向北的全面转移。

一切安排就绪后,巴顿开始进行作战部署,他的目光被巴斯托涅吸引了。

巴斯托涅是个人口不足4000人的小镇,但战略地位非常重要,它是当地的交通枢纽,只要控制住它,就等于控制了德军反攻部队的补给系统。

12月22日6时,进攻开始。第三军在军长米利金指挥下,迎着暴风雪大踏步前进。

左翼第四装甲师和右翼的第二十六师也十分顺利,各前进了十多公里,第八十师则攻占了梅尔齐希。

为了争夺巴斯托涅,德军不断发动围攻,但占驻该地的美军顽强坚守,始终屹立在德军的突出部上。

巴顿的军队成为德军大举进攻范围内的一个钉子,使其不敢贸然向美军纵深发动大规模的攻势。

1945年元旦来临了,巴顿以一种独特的方式迎接新的战斗的一年到来,他命令第三集团军的各炮兵部队在24时用最猛烈的炮火向敌军持续炮击25分钟。

随着美军的胜利前进,战场形势迅速好转。至元月中旬,巴顿已掌握了战场主动权,德军的进攻完全失去了力量,围歼敌军的时刻已经来到。

1月16日,巴顿的部队由南北两面向赫法利策推进,将德军的突击部队拦腰截断。

23日,美军攻占圣维特。27日,巴顿部队前锋已抵达乌尔河。29日,巴顿召开记者招待会,宣布阿登战役胜利结束。

阿登战役是德国西线最大的阵地反击战,德军共伤亡81834人,其中大约有17200人死亡,34439人受伤,16000人被俘,损失坦克和重炮约700辆、飞机1600架。

盟军也损失80000余人,其中7.7万人是美国军人,损失坦克733辆,飞机592架。

巴顿这样评价阿登战役:"勇敢的枪,老兵,你们在那里获得血与火的洗礼,而你们出来的时候,跟钢铁一样坚强。"后来,"勇敢的枪"的传奇故事在美国广为流传。

阿登战役之后,希特勒再也没有力量阻挡盟军的进攻了,这让盟军开始踏上了直捣纳粹老巢的通途。

率先强渡莱茵河

阿登战役以后,德军最后失败的日子已日益临近了。

在西线,德军所剩下的不过是残余的 66 个师。尽管德军此时已是气息奄奄,但在希特勒的宣传下,仍然决心效忠元首和第三帝国,准备凭借莱茵河天险同盟军作背水一战。

对于德军的负隅顽抗,英美高层经过协商,艾森豪威尔采取了"莱茵河作战计划"。

这是一个由英国担当主国和作战计划,美国只能成为最后进攻的配角。艾森豪威尔的这一安排,引起布来德累和巴顿的强烈不满。

1945 年 2 月 6 日,艾佛尔战役打响了。

至 2 月 12 日,第三集团军基本肃清了萨尔河和摩泽尔河三角地带、基尔河和莱茵河西岸的残敌。

在前方,特里尔城挡住了巴顿的去路。

特里尔是德军在该地区的军事要地,兵力雄厚、地形复杂、易守难攻。

巴顿决心一口吞掉这只拦路虎,但苦于兵力不足。为此,他特地前往巴黎。

在巴黎，巴顿从艾森豪威尔的作战部长布尔那里借调了第十装甲师，与第九十四师配合，以期能在萨尔河与摩泽尔河之间的三角地带打开一个突破口。

从22日开始，巴顿部队发动了空前猛烈的攻势，在不到四天的时间里，他们肃清了萨尔河到摩泽尔河三角地带的敌军，攻克萨尔堡，在萨尔河对岸建立起一系列桥头阵地，特里尔已是孤城一座。

巴顿命令部队快速奔袭，拿下特里尔。

28日，第十装甲师穿过危机四伏的雷区，冒着德军的猛烈炮火，迅速前进。

3月1日上午，部队攻入城郊，下午破城而入。当天夜里，全城德军被扫荡殆尽。

与此同时，下一步的作战方案，已在巴顿的心目中酝酿成熟，那就是迅速进攻克可布伦兹的法尔茨。

为此，巴顿又使用心计以花言巧语从艾森豪威尔那里借来了一个步兵师和一个装甲师。

有九个师的德军部队在摩泽尔河以东的洪斯吕山一带仓促地建立起一道防线，但为时已晚。

巴顿催动大军如饿虎扑食般向敌人猛压过去。

很快，第四装甲师在克可布伦兹南面渡过了摩泽尔河，打破了敌军的后方阵地。

第十二军紧随其后围住了克可布伦兹城内的敌军，第二十军的装甲部队和第七集团军攻破了德军防线，向北推进。

德军立即乱作一团，只得边打边撤。美军装甲部队从三个方向向德军发起猛烈冲击，把他们像赶羊群一样往东赶往莱茵河。

巴顿又命令第十九战术空军队的轰炸机全部出动，对拥挤在狭路上的逃亡之敌进行无情的轰炸，步兵随后穷追猛打。

结果，两个集团军的德军大部被歼，并有80000余人被俘。3月18日，克可布伦兹落入美军之手。

巴顿在同时间和空间赛跑，也在同蒙哥马利赛跑。现在，这两位将军之间，正在进行着一场究竟谁先渡过莱茵河的激烈较量。

为了抢在蒙哥马利之前渡过莱茵河，巴顿马不停蹄地进行了法尔茨战役，以风卷残云之势夺取了克可布伦兹。这时，他同蒙哥马利一样都到了莱茵河边。

这时蒙哥马利已经精心制订了一个"劫掠"计划。

但是，蒙哥马利万万没有想到，就在他渡河的前一天，也就是3月22日23时，巴顿就下达了渡河命令。

第五师的两个营首先开始渡河，结果发现德军抵抗极其微弱。到第二天早上，第三集团军已有6个营渡过河去，而伤亡仅有34人。

至23日晚，第五师全部过河，并在对岸建立了桥头堡。而后，巴顿连续不断地扩大他的桥头堡，至24日晚，整个第十二军都过了河。

巴顿不无得意地对布来德累说："我要让全世界都知道，第三集团军在蒙哥马利之前渡过了莱茵河。"

就这样，巴顿在没有空军支援、大炮掩护的情况下强渡了莱茵河。比蒙哥马利早了24小时。

巴顿这种拼命冒险的精神，成就了他的军事神话，也让他达到了自己军事生涯的顶点。

对第三集团军来说，大规模的激烈战役就此结束了。接下来的只是大踏步前进，前进，再前进。

这与其说是追击溃不成军的敌人，倒不如说是在享受进军的喜悦与骄傲。

巴顿不给敌人留下丝毫喘息机会，不停顿地出击，再出击！他像闪电般穿过美因茨、法兰克福、达姆施塔特三角地带。

然后，巴顿的军队与第一集团军会师，包围了数万名德军，再向前疾驶猛进，越过富尔达河，粉碎了德军在此固守的幻想，再占领几个城镇。

巴顿进军的速度简直像神话！直到最后，艾森豪威尔强迫他停下。

完成最后使命

1945年4月12日,巴顿心情格外好。因为在德国威悉河畔的一个小城赫斯费尔德,他偶然发现了一个德国秘密金库。

谁能料到德国秘密金库竟然设在一个废弃的漆黑的矿井里?

巴顿站在那里,魁梧的身躯被成堆的宝藏簇拥着,仿佛是一位中世纪的征服者。

巴顿知道希特勒和他的爪牙们用尽种种卑劣手段从别国、别人身上掠夺大量的珍宝,成批成批地运到德国,藏在这个矿井里。据后来估算,仅此一项就值2.5亿美元。

到了晚上,巴顿正要休息,想打开收音机对一下手表,恰在此刻他听到一个不幸的消息。

就在这一天,也就是1945年4月12日,美国总统罗斯福去世。

巴顿无比震惊,总统刚刚63岁啊!他十分悲痛,立即唤醒了艾森豪威尔和布来德累,3个人一起度过了一个沉重的夜晚。

总统的去世使巴顿十分悲痛。他与罗斯福政见不完全一致。但巴顿非常尊敬与爱戴罗斯福本人,他俩私交良好。

现在,罗斯福离开了美国人民,怎不令巴顿肝肠寸断!他决心完成总统遗志，痛击法西斯！

4月中下旬，巴顿指挥部队扫荡了周围残存的敌人，重新调整了部署，开始新的进攻。

4月30日，就在第三帝国彻底覆灭的前一周，刚满56岁的希特勒和他的情人爱娃在他的避弹室里完婚，并用自杀结束了罪恶的一生。爱娃自愿随他而去。

5月2日，柏林被苏联红军攻克。

第三集团军的历史使命也要结束了。5月4日，他们进行了最后一次战役，向捷克斯洛伐克挺进。

1945年5月7日，希特勒的纳粹德帝国宣布无条件投降，5月9日全部生效。

5月8日午夜，在欧洲大地上燃烧了8年的战火硝烟全部熄灭了。和平终于来到了备受创伤、精疲力竭的欧洲。

然而纳粹给人类带来的痛苦与灾难罄竹难书，深深地印在受难者的心里。

在解放欧洲的战争中，巴顿和第三集团军留下的是奇迹般的记录。

在总共281天的战斗中，第三集团军保持了直线距离160多公里宽的进攻正面，向前推进了1600多公里，占领了80多万平方公里的土地，解放了1.3万座城镇、村庄，其中大城市27座。

这期间，巴顿的军队共毙伤俘敌近150万人。巴顿的军事领导艺术和指挥才能在领导第三集团军过程中达到了巅峰。

西欧战场战事结束了，全世界人民渴望已久的和平即将到来，盟国领导人已经在为战后格局的重建具体谋划。

枪炮声停止了，这对巴顿也许有些突然。如今，对日战争已成为最后一战。

只有远东战场上的硝烟才能延长巴顿的历史使命。他看到了这一点，于是极力要求赴远东参战。

巴顿利用空军司令阿诺德到他司令部访问之机，请他在马歇尔面前替他说情，然后又数次写信给这位参谋总长，表达自己愿意飞赴远东前线的急切心情。

在信中，他写道："哪怕是指挥一个师，我也心甘情愿！"巴顿有理由满怀信心，因为已故总统罗斯福曾亲口允诺在西欧战事结束后，调他到太平洋战场去对付日本。

到5月20日，巴顿得到了明确的答复，他去远东参加对日作战的要求未获批准，满腔的期望一时间化为泡影。

巴顿渴望战争，渴望指挥战争，渴望战争的荣誉，他不能离开战争，他不能没有战争。

巴顿在参战无望的情况下，勾起了他浓重的思乡之情，他决定返回家园休假，以排遣怅惘抑郁的心情。

在美国人民的心目中，巴顿是位传奇将军，是位令人仰慕的、凯旋的英雄。

返回祖国后，鲜花、彩带和欢呼的人群很快把他淹没了。

当时在波士顿，就起码有100万人排成长达40公里的队伍，他们都是来欢迎巴顿将军的，他们想看看心目中的战神形象。

此时此刻的光荣，让巴顿感到了自己的价值，感到了自己所受的一切磨难和打击，现在都得到了补偿。

这时，艾森豪威尔将军给他安排了一个驻巴伐利亚军事行政长官的职位。

10月7日，巴顿怀着极其沉重的心情与第三集团军告别，在告别仪式上，面对并肩战斗、生死与共的官兵们，巴顿满眼泪花，发表了真诚热情的告别演说。

眼含泪花的，当然不仅有巴顿，还有整个的第三集团军。

枪声为"战神"送行

在出任新职之前，巴顿首先偕妻子回到他们美丽的家园，他是该休息一下了。

这是巴顿一生中最宁静、最安逸的时刻，也是他在美国的最后一天，因为他第二天就要到巴伐利亚上任了。

天空明净无尘，脚下芳草婆娑，远离功名利禄、市井喧嚣，巴顿挽着心爱的人在清澈的小溪边漫步，看看白云的飘动。

然后，巴顿告别妻子，踏上了自己曾经征服过的国土德国。

然而，长期在战场上拼搏的巴顿，对这种新的政治生活并不是很适应，因为这本来就不是他喜欢和擅长的，战争结束了，他的生命辉煌也不在了。

1945年11月11日，巴顿60岁生日的这一天，过得十分美好，从世界各地送来大量的礼物。

巴顿回顾他戎马生涯与度过的每一个时期并不觉得悔恨，他觉得自己已经做了力所能及的事，这一生是美好和有价值的。

巴顿以平静的心情、达观的态度看待以往他所获得的一些荣誉与声望，更是平静地看待自己即将到来的死亡。

巴顿甚至还有一种死亡逼近的预感，他不喜欢和平时期的那种死亡途径，什么疾病、突然事故等。

巴顿认为一个军人就应该有军人的死法，他多次说过：

　　我应当在最后一次战役里，被最后一颗子弹打中死去。

然而命运却不是这样安排的。

1945年12月9日，星期天，这是日朗风清、天高云淡的一天，巴顿和他的参谋长盖伊少将到森林里去打鸟。

那天，巴顿很轻松，一边聊天一边环顾农村的自然景色，突然他乘坐的小轿车与前面的大卡车相撞。

司机与盖伊只受了轻伤，坐在后边的巴顿却被撞断了颈椎。

巴顿的妻子比阿特莉丝以最快的速度从美国赶来，昼夜守候在病房里。

医护人员竭尽全力挽救巴顿的生命，巴顿积极配合，他以强健的体魄和坚强的意志和伤痛作顽强的斗争。

为了宽慰妻子和身边的医护人员，他幽默地称这是最后一次壮烈的战斗。

12月21日17时49分，距车祸发生11天零6个小时，巴顿的心力突然急剧衰竭，左肺受到血栓塞的猛烈袭击。

一分钟后，这位准备在最后一场战争中被最后一颗子弹击中的战神，长眠在妻子的怀中，享年60岁。

对于巴顿的去世，全世界均为之震惊，熟知他的人更难以接受这个残酷的现实。

人们忘不了身材魁梧、英俊潇洒的巴顿进入敌阵如若无人之境的情景。

人们记得军服笔挺、马靴擦得锃亮、胸前挂满奖章的巴顿是怎样用被称之为"乔治·巴顿"的优美姿势向他敬礼的。

巴顿的那只镶着珍珠的象牙柄手枪依稀还在腰间闪耀。在那饰有4颗闪光星星的钢盔下，威严的嘴唇紧闭，略向下垂。显示着巴顿那无比充沛的力量和超人精力的蓝眼睛是何等神秘深邃！

他笃信宗教又亵渎神灵，他心地善良。富于同情心又不时发出刺耳、粗野的话。

巴顿那暴跳如雷时赫赫有名的"男高音"早为世人所知，所有的这些充满矛盾与复杂的性格奇妙地糅合在一起。他是不折不扣的普通人与超人、冰与火、爱与恨、善良与残暴、温顺与冷酷、天才与笨拙的混合体！

对巴顿最高评价来自在战争中难于对付他、又败在他手下的德国军人。

这些德国将军目睹了巴顿第三集团军在运动战中之神速，称他为盟军中最好、最敢作敢为的装甲兵将军，一个具有令人难以置信的创造性和雷厉风行的人。

德国将军们甚至把能与巴顿对抗视为"一种莫大的荣幸和难忘的经历"。

巴顿的遗体安放在德国海德尔堡市一所豪华的别墅里，供人瞻仰。死亡把他和他的战友们划开了两个世界。

川流不息的美国军人、国外友人来到这里，排着队逐一与他们敬爱的将军挥泪告别，悲痛之状令人断肠。

巴顿的战友们就要回国了，可与他们朝夕相处、同生死共患难的亲人却永远沉睡在这里。

巴顿沉睡在他艰苦跋涉过、日夜战斗过、用无数生命与鲜血换来和平的德意志国土上。

两天后，巴顿的灵柩运往中立国卢森堡。在静静的蓝天下，在苍绿的群山脚下，安葬着巴顿的第三集团军6000名全部阵亡战士。

卢森堡哈姆的大型美军公墓里又增添了一个新的成员巴顿，他一如既往地亲密地和大家在一起。

紧挨着他的是一位上等兵。

被青草和鲜花覆盖的墓地前矗立着一个十分朴素的十字架，上面镌刻着简单的墓志铭：

乔治·巴顿
第三集团军上将
军号02605

在一派圣洁、庄严的氛围里，人们唱着"圣经"中的赞美诗和战场上的风云人物巴顿永诀。

为巴顿忠实服务多年的黑人勤务兵拿过了覆盖过灵柩的军旗，双手交给了巴顿夫人，并向她深深鞠躬致敬。

最后，老勤务兵忽然转过脸去，满眶热泪顺着脸颊淌下，巴顿将军生前的事迹在他的脑海里盘旋……

这时，3声震人心魄的枪声在卢森堡响起，那是专门为巴顿将军送行的枪声。

巴顿无疑是尊"战神"，但这只是人们对他的美誉，"战神"不是神，是人。

巴顿卓越的军事才能并非生而就有的，而是他在立志成为"最优秀的职业军人"的雄心指导下，通过长期的、有目的的学习和实践取得的。可以说，巴顿的一生都在为成为一名伟大的将军而做准备。

巴顿去世后，比阿特莉丝和巴顿的副官一起编辑出版了《我所知道的战争——巴顿将军回忆录》，将豪情、睿智的巴顿更加真实地展现出来，也将他们的爱情融入书中，永传后世。

附：年　谱

1885年11月11日，生于美国加利福尼亚州南部的圣加布利埃尔。

1903年，在弗吉尼亚军校学习。

1904年6月，进入美国西点军校学习。在西点军校第一学年因数学成绩不及格而留级一年。

1909年6月，于西点军校毕业，被任命为骑兵少尉。

1910年6月，与终身伴侣比阿特莉丝结婚。

1912年5月，在瑞典斯德哥尔摩举行的第五届奥运会上获军事五项全能比赛第五名。

1916年随潘兴将军远征墨西哥。

1917年美国参加第一次世界大战，负责组织训练美国第一支坦克部队，并因指挥一个坦克旅作战，获"优异服务十字勋章"。

1918年第一次世界大战结束。奉调回国，回骑兵部队。

1920年巴顿先后担任过不同的职务，并进入骑兵学校、指挥参谋学校和美国陆军大学深造。

1938年7月1日，按期被提升为上校。

1940年第二次世界大战爆发，美军参谋长马歇尔任用巴顿为装甲旅旅长，军衔为准将，不久升任装甲第二师师长。

1942年7月，巴顿奉调组织美国西线特遣部队在北非登陆作战。

1942年11月，美军攻占摩洛哥，巴顿成为美国驻摩洛哥总督。

1943年3月，巴顿被调往突尼斯，任美军陆军第二军军长。突尼斯战役不久，晋升为中将，任美第七集团军司令职务。

1944年1月，到英国就任美国第3集团军司令。

1944年6月，盟军在诺曼底登陆后，巴顿指挥第三集团军跟进。

1944年8月，进入布列塔尼半岛和法国中部，随即协同盟军在法莱斯战役中重创德军，并向格林方向追击。

1944年12月，在阿登战役中，奉命率部队支援被围困在巴斯托涅的美军，打退了德军。

1945年3至5月，率领部队突破德国"齐格菲防线"，强渡莱茵河，突入德国腹地，进至捷克斯洛伐克和奥地利边境。

1945年4月，晋升为四星上将。

1945年5月9日，对德战争结束，巴顿被委任为巴伐利亚军事行政长官，因政见不同被解职。

1945年11月，任第15集团军司令。

1945年12月，外出打猎时突遇车祸而受重伤。21日，医治无效在德国海德堡去世，享年60岁。